Memoria sulla scoperta della Psicotecnica

© Copyright 2010-2014 e successivi by
Felice Perussia
www.feliceperussia.it

Unica Edizione Originale
pubblicata nel 2010

ISBN-13: 978-1499532098
ISBN-10: 1499532091

Il supporto editoriale è gentilmente offerto pro bono e per il
libero sviluppo scientifico dalle edizioni PSICOTECNICA
Cirene 3, 20135 Milano, Italia
www.papers.psicotecnica.it

Stampato negli Stati Uniti da
CreateSpace Independent Publishing Platform
www.createspace.com

Gli Psicotecnica Papers sono disponibili
anche in formato e-book

La commercializzazione delle copie così come i diritti
d'autore per questa edizione sono gestiti da:
CreateSpace, Seattle, WA, USA

In copertina: Locandina per uno spettacolo di illusionismo al
Teatro Regio di Parma, sul finire del XVIII secolo.

Felice Perussia

Memoria sulla scoperta della
PSICOTECNICA

PSICOTECNICA
2010
Edizioni Universitarie Milano

SOMMARIO

1. Psicologie

Questa breve memoria nasce dall'avere constatato come, nel vasto campo di quella disciplina che viene chiamata popolarmente "Psicologia", si sono sviluppate in realtà almeno tre discipline tanto differenti tra loro quanto autonome l'una rispetto all'altra. Più in particolare: si è affermata nettamente una materia specifica e indipendente che può essere definita come "Psicotecnica".

Tale disciplina psicotecnica ha poco in comune con la psicologia in senso accademico, quale viene coltivata specialmente nelle università contemporanee. La psicotecnica si sovrappone però in larga parte, molto più di quanto non faccia la psicologia accademica, all'idea di psicologia quale viene generalmente coltivata dalla pubblica opinione non specialistica e quale viene realizzata dalla generalità dei professionisti della psicologia nel lavoro con le persone.

Questo dato di fatto, che mi appare del tutto evidente, sembra invece sfuggire almeno in parte ad alcuni tra quanti frequentano la psicologia, siano essi studenti, professionisti o studiosi o curiosi della materia. E' infatti abitudine diffusa parlare della psicologia come se si trattasse di una materia unica, coerente e omogenea; mentre invece non lo è.

In effetti: all'interno del movimento psicologico genericamente inteso, esistono almeno tre principali chiavi di lettura e di intervento, ciascuna delle quali è sostanzialmente autonoma, benché tutte e tre utilizzino spesso alcuni termini comuni, pure attribuendo loro significati differenti. Capita dunque, almeno nell'uso quotidiano, che con la stessa espressione si indichino almeno tre materie diverse.

Esiste una *Psicotecnica*, che mette in scena, secondo una chiave di natura artistica, le potenzialità creative ed evolutive della mente. La quale Psicotecnica è separata dalla *Psicoscienza*, che scrive in lingua matematica le scienze naturali della mente a partire dagli esperimenti. La quale Psicoscienza è separata dalla *Psicoanalisi*, che immagina in forma letteraria la storia filosofica della persona.

Psicotecnica, psicoscienza e psicoanalisi convivono da secoli nell'ambito del medesimo movimento psicologico, ma ciascuna esiste e opera per conto proprio. Mentre la gran parte di chi si occupa di queste discipline ama comportarsi invece come se si trattasse di un campo scientifico e culturale e professionale unico.

Si tratta di un equivoco che origina dalla scarsa coscienza, a livello di cultura diffusa ma anche tra alcuni specialisti, delle notevoli differenze che informano ciascuna delle molte prospettive secondo cui può esprimersi la materia che, in un senso molto generale, si occupa delle persone. Tale diffusa ambiguità contribuisce non poco, almeno per un osservatore ingenuo o non specialista, a rendere questi tre modi di essere, di pensare e di agire psicologicamente, ben più simili all'apparenza di quanto in effetti non siano nella sostanza. Il che ingenera una notevole confusione, mentre limita la consapevolezza delle speciali qualità specifiche che invece caratterizzano e qualificano ciascuna delle tre discipline.

Il fatto è che non tutti hanno chiara la notevole diversità che esiste tra la psicologia in quanto scienza, che è l'unica vera ragione dichiarata della esistenza accademica di una disciplina che porta questo nome, e le molte altre forme in cui si può interagire con la soggettività umana, ancorché al di fuori di quel progetto scientifico sistematico di taglio positivista e oggettivista che caratterizza appunto la psicologia come scienza.

Le altre forme della psicologia, al di là della sua dimensione classicamente razionalista, sono almeno altrettanto interessanti della ricerca scientifica, ed esercitano funzioni importanti nella nostra cultura così come nella nostra comunità, ma hanno poco a che fare con la scienza psicologica in quanto tale, benché utilizzino volentieri (di solito: impropriamente) il riferimento alla psicologia scientifica come propria base di certificazione disciplinare.

Il largo pubblico ama credere all'esistenza di una disciplina psicologica che sta a mezzo tra le scienze naturali e la medicina, la quale realizza ricerche di base, per lo più in laboratorio, i cui risultati rappresenterebbero il solido fondamento oggettivo per la pratica professionale. Tali applicazioni della psicologia scientifica si sostanzierebbero nella cura efficace di varie forme della malattia mentale, così come nel fornire utile sostegno e consulenza per i problemi emotivi e di comportamento che le persone normali (si fa per dire) incontrano nella loro vita quotidiana.

Una simile visione della psicologia rappresenta certo una bella favola, sinceramente apprezzata dai più ingenui tra gli studenti e coltivata strumentalmente anche dai più attenti tra i professionisti del settore. Specialmente perché è quella che vende di più, sul piano scientifico, intellettuale e professionale.

Ma si tratta anche di una finzione, irrealistica e persino grottesca, ben poco fondata tanto sul piano storico quanto sul piano scientifico. La realtà del movimento psicologico non è infatti questa che ho appena evocato: non lo è nella pratica della ricerca, né in quella dello studio teorico, né in quella dell'insegnamento universitario, né in quella delle attività professionali eventualmente connesse.

In realtà, il legame tra le varie modalità di pensiero e di azione genericamente riconducibili al novero delle "attività psicologiche" non è più stretto del legame che esiste, ad esempio: tra le matematiche e le biologie e le fisiche, che sono tutte materie profondamente autonome anche se trovano tutte cittadinanza nell'ambito più generale e generico delle discipline naturalistiche. Né le varie forme della psicologia sono l'una il derivato dell'altra più di quanto lo siano le filologie e le sociologie e le giurisprudenze, che pure trovano tutte cittadinanza nell'ambito delle discipline umanistiche.

Detto altrimenti: all'ombra della bandiera psicologica non vive una disciplina specifica, ma una tribù assai variegata di esperienze, di laboratorio, di dati, di calcoli matematici, di teorie, di racconti, di leggende, di fantasie, di speranze, di finzioni, di millanterie, di pie illusioni, di pratiche e di praticacce e anche di grandi successi e di importanti conoscenze, che sono molto diverse tra loro, benché si possano considerare vagamente imparentate l'una con l'altra.

Per quanto specificamente mi riguarda, devo dire che: con il passare del tempo, e approfondendosi sempre più il mio rapporto con la materia, mi sono reso conto che la natura disomo-

genea del movimento psicologico, dato di fatto che mi appare
da sempre come una semplice constatazione, ad alcuni miei
compagni di strada suona invece come una scoperta originale
e imprevista.

Mentre, agli occhi di qualche altro osservatore ancora: il riconoscimento della esistenza di una disciplina indipendente e
autonoma, definibile come *psicotecnica*, separata tanto dalla
disciplina definibile come *psicoscienza* quanto dalla disciplina
definibile come *psicoanalisi* (anch'esse ben separate tra loro),
non si presenta come una ovvia rilevazione senza particolari
implicazioni, bensì come un'affermazione di principio anche
provocatoria e per certi aspetti sconcertante.

Insomma: a me la psicotecnica è sempre sembrata come
l'uovo di Colombo. Ma altri testimoniano di averla percepita
piuttosto come una specie di oltraggio alla natura evidentemente piatta della terra; e, nella fattispecie: della psicologia.

Nel contempo: confrontandomi da molti anni con la natura
assai pratica che caratterizza l'arte della mente, abitudine operativa che per me rappresenta ormai un atto ovvio e immediato, ho avuto l'impressione, a dispetto della sensazione che
provavo di operare in modi del tutto normali e semplici, di in-
ventare o di rivelare cose inconsuete e inattese, rispetto a quello che generalmente alcuni altri amano talvolta immaginare a
proposito della materia psicologica.

Credo dunque di trovarmi ad essere di fatto un semplice
portavoce, che evidenzia in parole un poco più chiare quello
che è un sentimento diffuso tra molti dei colleghi, degli studiosi e degli studenti.

Il tema della psico-tecnica come disciplina connessa ma
separata rispetto alla psico-scienza, è infatti qualcosa che io
credo tanti altri abbiano già intuitivamente pensato, da molto e
molto tempo, provandolo tante e tante volte dentro di sé in
forma implicita, o sentendolo come parte costitutiva della propria attività pratica, pur senza mettersi a tradurlo in affermazioni precise.

Quindi: ho scritto gli appunti che compongono questa memoria semplicemente per dare una forma più compiuta e un
poco più lucida (spero) a pensieri che sono già molto diffusi e
molto condivisi in una parte rilevante del movimento psicolo-

gico contemporaneo, ancorché essendo percepiti talvolta solo ad uno stato embrionale.

Mi trovo cioè, o almeno questa è la mia netta impressione, una volta di più a svolgere la più tipica tra le funzioni della psicotecnica: rendere più esplicito e visibile ciò che era già ben radicato nel pensiero di qualcuno, ma che tendeva a restare nell'ombra, in una forma più implicita e latente.

Il mio atteggiamento è solo quello di offrire una prima lezione, per dare inizio ad un corso preliminare sulla disciplina. Non mi propongo cioè di pubblicare un manifesto della psicotecnica, bensì di introdurre alcuni tra gli aspetti principali di questa arte, senza alcuna pretesa di esaurirne la complessità.

La memoria riprende, in accenno e in una forma più esplicita, anche elementi che ho presentato, in una prospettiva più concettosa, in altre circostanze.[1] Mi sono infatti reso conto che molti dei testi che ho scritto fino ad ora possono suonare più allusivi che esplicativi, almeno per chi non conosce già almeno un poco la disciplina soprattutto per esperienza diretta.

Devo anche testimoniare del fatto che lo sforzo compiuto, per rendere più immediata e comprensibile la materia, mi ha fornito una occasione per meglio chiarirla anche a me stesso. Questa memoria non è dunque una volgarizzazione della psicotecnica, bensì piuttosto un suo marginale approfondimento, attuato col descriverla in termini più lineari, almeno per quel che mi riesce.

Uno dei grandi maestri moderni del pensiero incosciente, il seicentesco Gottfried Leibniz, ci ricorda che: "I nostri concetti chiari sono come isole che emergono sull'oceano di quelli oscuri". La presente memoria è una navigazione che vorrebbe

---

[1] I testi principali del percorso, cui mi permetto di rimandare chi avesse curiosità di approfondimento, sono: *La ragione precausale: Rappresentazioni del mondo nella maturità e nell'infanzia* [1983]; *Psicologo: Storia e attualità di una professione scientifica* [1994]; *Cent'anni dopo: A che cosa serve la psicologia?* [1999]; *Storia del soggetto: La costruzione mimetica della persona* [2000]; *Theatrum psychotechnicum: L'espressione poetica della persona* [2002]; *Regia psicotecnica* [2004].

approdare, assieme a te che leggi, a qualcuna di tali isole. O almeno: questo sarebbe il mio auspicio.

2. Tre modi per coltivare la psiche

Il concetto di una *scoperta* della psicotecnica si riferisce proprio all'azione dello scoprire: togliere un velo, che nascondeva in parte qualcosa, la quale cosa pure c'era già, quanto meno nella sagoma che traspariva al di sotto del velo. O forse, detto altrimenti: si tratta di mettere a fuoco un profilo che già era ben presente, ma che aveva bisogno di lenti più adatte a renderlo evidente, così da poterlo leggere bene nei dettagli, liberandolo dalle soffuse opacità che in parte lo circondavano.

Naturalmente: non pretendo anche di presentare qui, assieme a tale (si fa per dire) disvelamento, un quadro completo dei percorsi attraversati dal movimento psicologico in questi ultimi tre secoli. Accenno però necessariamente a tale processo storico e intellettuale nelle sue grandi linee direttrici, poiché questo è necessario per capire meglio la psicotecnica, ma rimandando ad occasioni future gli ulteriori notevoli sviluppi che le implicazioni connesse alla scoperta della psicotecnica portano necessariamente con sé.

Le tre culture principali del movimento psicologico si sono mescolate in questi ultimi secoli, venendo a formare una strana emulsione culturale che oggi definiamo appunto come una psicologia unica. Ma in effetti sono tre culture diverse, che si richiamano ciascuna a una diversa tradizione del pensiero umano.

Le evoco immediatamente, seppure solo a grandi linee, tutte e tre; benché quella che ci interessa in questa sede, quella cui ci dedichiamo con maggiore attenzione nelle pagine che seguono, sia soprattutto la seconda.

E' avvenuto dunque che il movimento psicologico occidentale moderno (dalla sua origine settecentesca nell'alveo dell'illuminismo e del romanticismo fino ad oggi) sia nato come emanazione di almeno tre chiavi di lettura del mondo che sono diverse e talvolta decisamente antitetiche tra loro, benché spesso diventino complici, a motivo di una comune convenienza, nella scelta di presentarsi insieme. Queste tre anime sono: la psicologia come fisica oggettiva; la psicologia come arte applicativa; la psicologia come letteratura narrativa.

Queste tre materie si riferiscono tutte, vagamente quanto genericamente ancorché ciascuna in un modo tutto suo, al medesimo tema della persona, dei suoi comportamenti, dei suoi pensieri, delle sue fantasticherie, della sua dimensione spirituale, della sua soggettività.

Ma lo fanno ognuna in un modo profondamente diverso. E si tratta di un impegno così tanto autonomo, per ciascuna di esse, che il lavoro di ognuna porta un ben scarso apporto al lavoro di ciascuna delle altre, pure essendo tutte di grande fascino, di notevole interesse e spesso anche di grande capacità nell'ottenere risultati, ciascuna però secondo la propria specifica prospettiva.

Detto altrimenti, per capirsi meglio: la gran parte degli esperimenti che fondano la *scienza* della mente non è di alcuna utilità per l'*arte* della mente; così come le eleganti narrazioni dell'*analisi* psicologica lasciano il tempo che trovano presso la scienza naturale del cervello; così come i risultati pratici della psicologia applicata sono tutt'al più solo dei pretesti argomentativi per la filosofia esistenzialista della devianza; e così via.

3. Scienza Tecnica Analisi

Una prima componente del movimento psicologico moderno è la sua anima razionalista e oggettivista. Essa proclama il mondo come assolutamente reale, cioè fatto di cose [latino RES] materiali e tangibili. E' il modo sperimentalistico del conoscere e del prendere in considerazione solo ciò che è chiaro e illuminato.

Il movimento scientifico persegue il sogno di un mondo che, in via di principio, si può sempre misurare, dove esiste una verità che prima o poi emerge e trionfa comunque, basta che si sappiano interrogare con le domande giuste i segni univoci che già sono inscritti nella sua natura e che aspettano solo di essere rivelati.

L'anima realista e materialista della psicologia viene celebrata da scienziati (più che psicologi) sperimentatori, i quali si percepiscono come garanti della laicità del reale. E' la psicologia centrata sulla identificazione univoca della materia naturale oggettiva.

La psicologia scientifica talvolta apprezza le performance dei praticanti psicologi, così come le analisi dei filosofi della mente, ma non le considera come parte integrante del proprio percorso.

Questa è la variante razionalista del movimento, definita come psicologia naturalistica nel senso moderno e post-illuminista del termine, che costituisce la *psico-scienza*.

Una seconda componente del movimento psicologico moderno è la sua anima operativa e pratica. Essa celebra la disposizione interventista della psicologia in azione.

Viene esercitata da psicologi i quali aspirano alla concretezza, proponendosi di allenare le persone a raggiungere traguardi esistenziali. Non è interessata a dimostrare la natura materiale del mondo (che poco le serve), ma si prodiga per il miglioramento soggettivo della vita quotidiana degli individui e delle comunità. E' convinta che la verità ultima sia sempre, in effetti, una verità personale soggettiva (non un oggetto universalmente condiviso).

E' il modo empirico dell'agire, in una prospettiva sostanzialmente ottimistica del prendersi cura della gente. E' la psicologia centrata sul raggiungimento di un risultato.

L'arte della mente ammira la ricerca scientifica e legge volentieri le narrazioni dei filosofi della mente, ma non le considera parte integrante del proprio percorso.

Questa è la variante artigianale o pragmatica del movimento psicologico, la dimensione attiva e formativa della psicologia, che costituisce la *psico-tecnica*.

Una terza componente del movimento psicologico è la sua anima storica e letteraria. Essa racconta gli eventi relativi ad altre persone, cui viene assegnato il ruolo di pazienti, combinando tali eventi in una sequenza compiuta cui attribuire un qualche senso, seguendo partiture che vogliono mettere alla prova l'intelligenza del narratore.

A questa tradizione non interessa la realtà (le cose) né il raggiungimento di un risultato (l'arte) bensì la qualità letteraria della trama con cui il sapiente riesce a raccontare e giustificare quanti più elementi possibili.

E' la psicologia centrata sullo psicologo, dove la firma dell'autore ha un peso determinante nel certificare la qualità del romanzo. Dove non c'è pretesa di raggiungere il realismo, bensì di presentare evocativamente uno scenario estetico del mondo [posto che l'estetica è la disciplina della AISTHANOMAI: la *sensibilità*].

E' una psicologia fatta di testi interpretativi, recitati oralmente davanti al paziente (che fa la parte di chi è preda del PATHOS, l'*emozione*) o al cliente (l'interrogante, colui il quale chiede aiuto o consiglio), ma spesso anche trascritti in innumerevoli testi narrativi.

Tale psicologia filosofica non disdegna la scienza, né la pratica psicologica, ma le considera comunque troppo limitate rispetto alla propria profondità. E comunque non le annovera come parte integrante del proprio percorso

Questa è la variante letteraria del movimento psicologico, impegnata a riflettere su di sé ed a realizzare testi sapienziali, sempre alle prese con l'esegesi e con l'investigazione, che costituisce la *psico-analisi*.[2]

Un altro modo per caratterizzare queste tre anime del movimento psicologico potrebbe essere quello di utilizzare il modello classico nella linguistica, o scienza dei segni, che può rappresentare una metafora evocativa efficace anche per il movimento psicologico e per le sue discipline principali.

Possiamo dunque immaginare che esiste una *semantica* della psicologia, la quale si occupa di definire quali sono i segni oggettivi della mente e le loro combinazioni naturali o biologiche o fisiche [ricordando che BIOS è *vita* e che FYSIS è *natura*]; cioè: la *psicoscienza*.

Esiste poi una *pragmatica* della psicologia, la quale si occupa di sviluppare la soggettività in termini di comunicazione finalizzata a produrre effetti nei partecipanti alla comunicazione stessa; cioè: la *psicotecnica*.

Esiste infine una *sintattica* della psicologia, la quale si occupa di analizzare le strutture combinatorie che legano tra loro i segni e le parti del discorso soggettivo; cioè: la *psicoanalisi*.

Voglio infine sottolineare che non sto affermando che questa o quella fra tali anime è migliore oppure è superiore o peggiore o inferiore rispetto alle sue sorelle, cui peraltro se ne possono aggiungere anche altre minori. Voglio solo notare che queste sono *differenti*.

Sono tutte e tre percorsi di studio, di ricerca, di conoscenza e di applicazione dal grande fascino e dalle grandi potenzialità. Mentre suggerisco a chiunque, nei limiti del possibile, di praticarle tutte e tre, senza pretendere superbamente che l'una possieda la chiave che le altre si limitano a fingere di avere.

Quello che voglio rendere chiaro in queste note non è che la psicotecnica è superiore alla psicoscienza o alla psicoanalisi, o viceversa, ma solo che si tratta di tre chiavi di lettura, di azione e di interpretazione che possono solo trarre vantaggio dalla consapevolezza della propria specificità e differenza.

---

[2] Con l'espressione "analisi psicologica" non mi riferisco soltanto al procedimento sviluppato e codificato soprattutto da Pierre Janet nell'ultimo quarto dell'Ottocento, ma anche alle tante altre forme di psicoanalisi che ne sono derivate fino ad oggi.

Ciascuna di queste strategie ha bisogno di essere pienamente identificata nella sua autonomia, diventando quindi più lucida e più consapevole, invece che restare eternamente confusa con altre chiavi che le sono in larga parte incommensurabili e che quindi la confondono.

4. Teoria Letteratura

Come ho già evidenziato all'inizio della memoria, ma lo ripeto ancora perché mi sembra utile a meglio definire i contorni della scena: qui mi propongo soprattutto di mettere un poco più in chiaro l'esistenza e la natura della seconda fra queste tre anime, e cioè della lunga e importante tradizione dell'arte della mente o psicotecnica.

Un altro obiettivo, complementare al primo, è anche quello di identificare, seppure in forma introduttiva e preliminare, alcune linee di fondo che caratterizzano in modo specifico i vari modi della psicotecnica stessa, al di là dei nomi che ciascuno può scegliere di attribuire, seguendo il proprio gusto personale, alle singole pratiche psicotecniche che vengono di volta in volta messe in atto.

Preciso che non approfondirò qui il tema della prima anima del movimento psicologico, ovverosia di quella che costruisce la psicoscienza. La scienza della mente mi è infatti molto cara, visto che opero, ricerco e insegno in quest'area da qualche diecina d'anni. Ma in questa sede voglio solo rendere più chiaro il fatto che esiste una psicologia concreta e soggettivista, e che si tratta di una forma d'arte, la quale opera secondo alcuni suoi criteri e in modo indipendente dalla scienza naturale oggettiva.

Degli eventuali collegamenti tra le due, cioè tra l'arte e la scienza della mente, che in effetti considero piuttosto limitati (almeno allo stato attuale delle conoscenze) tratteremo eventualmente in altre occasioni.

Né sviluppo qui, se non con un breve capitolo, il tema della terza anima del movimento psicologico, ovverosia di quella che produce letterature, dette anche filosofie, dell'anima. La psicotecnica, nelle sue realizzazioni che vogliono essere soprattutto pratiche e concrete, è infatti così lontana dalle pure interessanti astrazioni dell'analisi, e in un modo così evidente, che mi suona pleonastico sottolineare le differenze tra due approcci tanto simili nel loro fascino concettuale quanto diversi nelle loro realizzazioni concrete.

5. Ermeneutica Interpretazione

Ricordo però, brevemente, che l'anima analitica, la quale da tempo convive nel movimento psicologico accanto alla psicotecnica e alla psicoscienza, viene detta anche *ermeneutica*, dal greco ERMENEUTIKÈ [*interpretazione*]. Tale interpretazione psicologica viene considerata per certi aspetti anche come un modo del *discorso* [LOGOS] e per altri aspetti anche come un'*arte* [TEKNE], ma certo non sembra essere una scienza oggettiva né una pratica operativa.

A questo stile culturale del movimento psicologico appartengono in genere tutte le forme di racconto codificato degli eventi mentali. Dove per interpretazione non si intende il fatto di interpretare una parte, cioè di mettere in atto (o di rendere attuale), da parte della persona, una disposizione che prima esisteva in quella stessa persona solo in potenza, come avviene nelle psicotecniche.

Nel modo analitico di essere della psicologia: per interpretazione si intende appunto l'ermeneutica, cioè il fatto di attribuire un significato a degli eventi, soprattutto a quegli accadimenti ed a quelle fantasie le quali, almeno secondo l'interpretazione di chi se ne propone come interpretante, sono evidentemente troppo difficili da cogliere per l'interrogante (il paziente o cliente) che ne è portatore.

Questo tipo di ermeneutica psicologica nasce e si sviluppa nel corso dell'Ottocento, in ambito medico, specie con la proclamazione dell'analisi come principio primo della ricerca oggettiva espressa da Claude Bernard con riferimento alla medicina scientifica, e con l'estensione che Pierre Janet fa di tale scelta analitica alla psicologia sperimentale, con la sua sistematizzazione dell'analisi psicologica. Questa forma di ermeneutica medica verrà quindi popolarizzata e trasformata in una professione di successo specie da Sigismund Freud, specializzandola nella interpretazione narrativa della malattia psichiatrica, con il nome di metodo clinico.

Nell'ambito del movimento psicologico, tale analisi o teoria narrativa o metodo clinico consiste nel raccontare, da parte di una persona (nella versione originaria: il medico analista) alcuni eventi che si immaginano relativi alla vita e soprattutto ai pensieri profondi e alle fantasie di un'altra persona (il paziente mentalmente malato) utilizzando chiavi di lettura che derivano dalla conoscenza speciale che il medico iniziato (l'ermeneuta) possiede e di cui invece il malato è totalmente all'oscuro.

La vera realtà dell'interrogante viene letta dallo analizzatore-narratore in alcuni dei segni o degli eventi che vengono evidenziati o narrati dall'analizzato. Solo che il racconto dell'analizzato viene considerato, per definizione, falso; così come è falsa la sua conoscenza di sé, in quanto egli è viziato dalla propria malattia. Mentre il racconto dell'analizzante è vero, in quanto questi è stato reso sano (o, con formula arcaica: santo) da una purificazione ottenuta attraverso le prove attraversate per raggiungere la conoscenza vera. Per cui: l'interrogante propone un racconto che è sempre distorto, mentre l'interpretante riesce a leggervi una storia che è sempre vera.

Si giunge così ad attribuire con certezza al narratore dei pensieri, delle intenzioni e delle volontà che sono molto diverse da quelle che egli stesso afferma di nutrire; ma in base a certezze che nascono da intenzioni e da volontà sotterranee che l'analizzatore è convinto di vedere. L'interpretante ritiene di saper leggere nelle pieghe del soggetto meglio di lui stesso poiché egli (l'ermeneuta) sa bene che ci sono nel malato dei pensieri estranei (detti in genere: *sintomi*) che ne hanno preso possesso, soverchiandone la volontà.

Questa forma di analisi medico-psicologica, specie nelle sue evoluzioni contemporanee, mostra in modo evidente la sua vocazione narrativa, che ricorda la stesura di un testo per il teatro di riproduzione. Nel caso dell'ermeneutica: il libro della natura viene scritto infatti dall'analista in lingua letteraria, con il proprio inchiostro, sul foglio rappresentato da quello che il medico si immagina del suo malato, a partire sì dalla storia narrata dal suo interlocutore, ma anche andando molto più in là.

Una tradizione classica, cui la narrazione interpretativa in senso ermeneutico (o analitico) del movimento psicologico per certi aspetti si ispira, è quella, antichissima, della decifrazione sapienziale. Una conoscenza ermetica, che l'interprete ha raccolto nella riservatezza del laboratorio iniziatico dalle attenzioni di un maestro anziano che è già assurto ad un superiore grado di conoscenza, viene utilizzata per tracciare il quadro psichico dell'interrogante.

L'ermeneuta illuminato può coglie in tal modo le linee del destino, le case dei complessi, gli archetipi e gli arcani delle effemeridi esistenziali di chi si rivolge a lui. Gli fornisce dunque responsi sulla vera natura dei suoi pensieri e sulle influenze che le istanze naturali, così come le influenze che altri gli gettano addosso, stanno segretamente esercitando sulla sua vita, alla luce della pietra di paragone filosofica di cui egli (il sapiente) è intimamente portatore.

All'interno del movimento psicologico moderno (almeno negli ultimi due secoli), questa tradizione è spesso stata definita *teorica*, nel senso che il suo modo di essere consiste principalmente nel costruire *teorie*, cioè narrazioni e leggende, sulla vita delle persone.

E ricordo ancora una volta che THEOREO indica appunto il fatto di *essere spettatore*, di *osservare*, di *contemplare*, di *giudicare mentalmente*. Sempre da lì, come elemento di teoria, viene il termine THEATRON: *spettatore* o *teorizzatore*, cioè osservatore che guarda e che valuta o che calcola (razionalmente), dalla platea, quanto avviene sulla scena o sul banco (o sul CLINE: il *capezzale del malato*).

Secondo tale paradigma, che però non è del theatron originale e primitivo bensì del teatro di riproduzione razionale e seconditivo: il medico analista è uno spettatore che costituisce come propria realtà (e come realtà del mondo) quello che gli sembra di avere colto nella storia che ha visto rappresentare dall'attore di fronte a lui.

Il racconto analitico nasce così dalla fantasia dello spettatore-scrittore-ermeneuta-medico, il quale in sostanza diventa un critico teatrale o letterario; in quanto prende spunto dai frammenti di quello che gli sembra di vedere tra le righe delle parole e dei pensieri che il suo interlocutore esprime. Tale genere letterario medico-psicologico, che nasce da quello che abbiamo ricordato venire modernamente indicato come *metodo* clinico o critico, viene spesso presentato, nella sua forma romanzesca, seguendo il canone classico del *caso* clinico.

Il genere narrativo-spettacolare del caso clinico presenta sempre, in modo ricorrente, uno schema più o meno identico, come tipicamente accade nelle favole e nelle leggende, almeno secondo la consolidata analisi critica degli studiosi strutturalisti.

Il punto di partenza è la circostanza scatenante in cui il malato-paziente-eroe viene messo alla prova da una maledizione, spesso lanciata da altri personaggi autorevoli che lo circondano (tipicamente: i genitori o altri individui influenti). Questa maledizione si presenta in forma mascherata, come sintomo o complesso o istanza psichica interiore che lo perseguita come un demone, il quale era in origine estraneo, ma ormai si è insediato come usurpatore della sua coscienza (viene introiettato). L'eroe non conosce la vera natura della maledizione che lo ha colto, per cui la confonde scioccamente con altre cause, soprattutto bio-mediche, ma eventualmente anche relazionali, sociali o quant'altro.

Come primo passo per sfuggire alla misteriosa maledizione, il paziente eroe commette l'errore di chiedere aiuto a chi non glie lo può dare; cioè a falsi ermeneuti od a falsi profeti che non possiedono la chiave della verità, ma solo fingono o millantano di possederla, e che si beffano di lui o lo sfruttano in vario modo. L'eroe chiede cioè aiuto a santoni i quali, non essendo medici analisti (non essendo stati purificati), ovviamente non sono in grado di darglielo, anche perché agiscono solo per interesse personale.

Dopo queste deludenti prove, l'eroe trova il suo riscatto grazie allo sforzo che mette in atto (il percorso della cura con tutti si suoi costi) ma soprattutto grazie alle formule di riconoscimento (agnizione) del demone, che gli vengono fornite dal santone autentico e saggio cui finalmente si rivolge. Questi, a sua volta, viene continuamente ostacolato dai falsi profeti di cui sopra, che gli vorrebbero essere concorrenti e che cercano di gettare discredito sulle profonde verità di cui egli è invece genuino portatore.

Il medico analista (se è davvero analiticamente puro) è già al corrente della rivelazione, poiché vi è stato in precedenza iniziato da un altro vero iniziato, e quindi mette il proprio interrogante a parte dell'antico segreto.

Il caso-storia si conclude con il demone che viene smascherato nei suoi trucchi dalla luce della verità che è riflessa dal medico sapiente, per cui il maligno viene reso inoffensivo e messo in fuga.

La luce sapienziale trionfa e la vicenda si conclude felicemente, suscitando la spontanea riconoscenza dell'eroe per l'intervento del terapeuta san(t)ificatore, la cui gloria viene finalmente proclamata, come è giusto e doveroso che sia, all'umanità intera. A tale proclamazione provvede il saggio stesso, che è quasi sempre anche l'autorevole estensore imparziale delle cronache del suo caso.

Questo tipo di fiaba, tendenzialmente agiografica, possiede una grande capacità fascinatoria, di cui non ci si stanca mai di leggere la storia (quando è ben raccontata) come può accadere per un bel romanzo, di cui a volte possiede anche una notevole capacità illuminatrice. Per cui questa formula letteraria ottiene da sempre un grande successo presso il pubblico, specie tra i giovani.

Il genere dei casi clinici è sempre stato all'origine di molte vocazioni per la psicologia (o per quello che popolarmente si immagina che la psicologia possa essere): dalla passione settecentesca per la psicologia come dinamica fino all'entusiasmo per la versione scientifica della materia (o almeno per le fantasie che questa suscita) nei corsi di laurea contemporanei.

Si tratta in effetti di una modalità narrativa assai stimolante sul piano intellettuale. Ma si tratta anche di qualcosa che, pur con tutto il fascino della fantasia che ci mette chi abilmente la scrive e la racconta, è ovviamente assai lontana (quanto meno) dalla psicoscienza, con la sua volontà di riportare a fatti oggettivi, attraverso la verifica dell'esperimento, ogni aspetto della realtà naturale.

L'immaginifica critica teorico-ermeneutica di taglio analitico è molto lontana anche dalla precisa intenzione di intervenire nella pratica, che invece caratterizza da sempre la psicotecnica.

Anche la psicotecnica è infatti sostanzialmente un theatron, ma nel senso molto differente del *teatro attuale* (o *teatro di psicotecnica*, appunto). La psicotecnica si serve infatti di espressioni che vengono materialmente interpretate (messe in scena, *en-acted*) in diretta nel momento in cui accadono, e non certo della narrazione letteraria di eventi passati che vengono riprodotti in differita dalla narrazione interpretativa dello psicologo, come accade invece con il metodo esegetico-clinico.

Ma non mi voglio dilungare ulteriormente in questa sede sulle altre anime del movimento psicologico, diverse dalla psicotecnica (che ci interessa qui).

Si tratta infatti di aspetti che sono certo molto importanti e attraenti nella cultura del Novecento. Essi meritano dunque un approfondimento ben maggiore di quello che posso sviluppare in questa sede.

6. Spiritualità Mistica

Merita anche ribadire, come già accennato, che esistono pure altri convitati alla tavola della psicologia, accanto alle tre anime principali che abbiamo appena evocato. Mi limito però a citarli, per la rilevanza che questi hanno nell'alimentare la confusa dialettica che in parte vivacizza e in parte logora la scena psicologica moderna, visto che non rappresentano un tema centrale per le argomentazioni sviluppate in questa sede.

Su un piano generale, fra le tante strategie disciplinari che il linguaggio dell'uomo-della-strada cataloga nella generica voce di *psicologia*, si possono ricordare a vario titolo, quanto meno, tradizioni intellettuali quali: la ricerca scientifica sui processi mentali e sui comportamenti oggettivamente misurabili, la fisiologia, la filosofia della mente e della condizione umana, le discipline dello spirito, la critica d'arte psicologica, la medicina, la psichiatria, l'antropologia, la pedagogia, la religione, la formazione, le arti performative, l'esoterismo, l'ermetismo, lo spiritualismo, l'animismo, la new age e così via.

Più in particolare, una quarta anima del movimento psicologico, cui non posso fare a meno di accennare, nel definire con qualche chiarezza il caso della psicologia in generale e della psicotecnica in particolare, è quel costrutto, così fondativo per il movimento, che va appunto sotto il nome di "Anima" o di "Spirito".

Lo *spirito* è per certi aspetti onnipresente nel movimento psicologico, specie considerando l'enfatizzazione che viene posta da molti autori moderni sulla traduzione del termine PSYCHE con il concetto di *anima*.

Nel contempo: lo spirito è una specie di tabù che sta sempre lì, tra le pieghe della disciplina, come un punto di riferimento costante e fondativo, che però non sembra che i più invogliano sviluppare veramente.

Ma in questa sede non ci vergogneremo certo di ricordare
che il concetto di *anima*, ovverosia di ciò che rende vivo un
oggetto in quanto appunto lo anima e lo rende animale (da
semplice materia inanimata che poteva essere), ha evidentemente molto a che fare con tutta la psicologia in tutte le sue
versioni.

E cito in proposito un paio di classici, che mi compiaccio
sempre di evocare, anche se potranno magari suonare a qualcuno solo come un'ulteriore inutile citazione erudita. Mentre
io credo che le loro parole meritino invece una riflessione profonda, anche da parte di scienziati che vorrebbero essere in-
corruttibilmente materialisti.[3]

"L'essere animato sembra differisca dall'inanimato specie
per due attributi: moto e atto percettivo" [1 403b, 26-27;
mentre:] "Tutti coloro che riguardano l'essere animato come moto, assumono l'anima quale motore per eccellenza" [I
404b, 7] [Arisotele, 332 aC]

"L'anima è immortale; perché ciò che sempre si muove è
immortale. Ora, ciò che provoca movimento in altro ed è
mosso esso stesso da qualcos'altro, se subisce un arresto di
movimento smette di vivere [...] Ecco dunque: ciò che
muove se stesso è principio di movimento; esso non può né
morire né nascere, altrimenti l'intero universo e tutto ciò
che è in movimento, cadendo in rovina, si fermerebbe e
mai più potrebbe trovare donde riprendere moto e vita. Ora
che abbiamo dimostrato l'immortalità di ciò che si muove
da sé, nessuno avrà scrupoli ad affermare che proprio questa è l'essenza e la definizione dell'anima. Perché ogni corpo il cui movimento sia provocato dall'esterno, è
inanimato, ma ogni corpo che riceve il movimento dall'interno, da se stesso, è animato" [Platone, 360 aC, 245c-e]

"I filosofi invero suppongono che sia i pianeti sia tutto il
mondo siano animati, e non esitano ad affermare che essi
sono animali razionali, immortali e impassibili, dicendo
che qualsiasi moto appartenente ai corpi comincia dall'ani-

---

[3] Mi sono sempre chiesto che differenza concettuale ci sia tra
l'affermazione spiritualista-animista della immortalità dell'anima e
l'affermazione fisico-scientifica secondo cui nulla si crea e nulla si
distrugge.

ma e che successivamente il corpo si muove soltanto in virtù di questa" [Pietro Abelardo, 1135, coli. 752].

Infatti "Tutto ciò che agisce ha la capacità di agire: poiché chi non ne è capace, è impossibile che agisca; e ciò che è nell'impossibilità di agire necessariamente non agisce" [Tommaso, 1258-1264, II, VII.3].

La psicoscienza concepisce tale anima, che per lei è una *vis motrix naturae*, nei termini di una energia elettro-chimica, di origine fisiologica, residente nel sistema dei cavi nervosi, la quale si organizza in una forma di elaborazione elettronica automatica delle informazioni (una specie di fisiologia informatica) all'interno della mente umana.

La psicoanalisi, dal canto suo, concepisce tale anima, che per lei è una *vis narratrix naturae,* nei termini di una pila libidica inesauribile che alimenta il discorso attraverso cui vive segretamente la teoria personale vera di ciascuno, che però si manifesta, all'occhio ingenuo del non-iniziato, solo nella forma ingannevole del pensiero cosciente e del relativo comportamento manifesto.

Infine la psicotecnica identifica tale anima, che per lei è una *vis medicatrix naturae,* nei termini di una forza motivante dell'esistenza, che si esprime attraverso un potenziale psicologico il quale si fa attuale nel momento in cui lo sviluppo e la crescita della formazione personale vengono catalizzate da qualche opportuna circostanza.

Capita però che tutte e tre queste chiavi di lettura sembrino a volte, almeno in alcuni loro esponenti, non voler prendere ufficialmente il costrutto dell'anima (o di qualcosa del genere) come proprio punto di riferimento fondativo, benché nessuna delle tre possa seriamente credere di poterne fare a meno.

Tutte le correnti della psicologia tendono costantemente ad evocare, o almeno ad implicare tra le righe, la presenza e l'intervento di un'anima animante o animale, intesa come realtà o come energia o come forza, o fluido o reazione o personaggio o homunculus o istanza o demone o chissà che cosa. Ma un po' tutte: pur non potendo fare a meno di lei per vivere, sembrano volere fare finta di non conviverci.

Se la psicologia, nelle sue varie versioni, non si fondasse su di una qualche forma di anima: starebbe dichiarando una volontà suicida, che nessuna disciplina può permettersi di coltivare esplicitamente. Infatti: se non facessero riferimento a delle entità vagamente sopra-naturali, tutte le anime della psicologia starebbero proclamando la totale riducibilità di se stesse a quell'oggettivismo materialista che è l'ideologia del movimento scientifico; il quale è appunto oggettivista e quindi assolutamente anti-soggettivista per definizione.

Studiosi di psicologia così fatti si proporrebbero cioè come degli assurdi attentatori kamikaze, contro se stessi e per conto dei propri antagonisti, desiderosi di affermare il monoteismo fisicalista della parte avversa. Dichiarerebbero cioè di aspirare alla propria stessa autodistruzione, visto che la loro ragione d'essere originaria è l'opposto di quella sostenuta dal materialismo scientifico, dato che il movimento psicologico si giustifica proprio come ricerca e come intervento sul pensiero e sul comportamento *soggettivo*.

Una scienza della mente che fosse solo fisica-fisiologica e oggettivista potrebbe magari rappresentare un'area specializzata della biologia o persino della fisica, ma toglierebbe ogni ragione d'essere ad una psicologia come scienza autonoma.

Che senso potrebbe avere infatti uno studio indipendente della psicologia, se questa fosse soltanto una elettrochimica materialista del sistema nervoso?

Più in generale, visto che la psicologia è lo studio della soggettività: una psicologia oggettiva suona come una contraddizione in termini; o meglio: come una specie di burla. Scherzo che possiamo trovare magari paradossale e spiritoso. ma che non ci dice nulla di utile e che ci induce anzi a ricordare la massima, popolare ma saggia, la quale suggerisce ad alcuni colleghi, inebriati dai fumi della scienza fisica, di scherzare magari coi fanti, ma di lasciar stare i santi; poiché si tratta di materia riservata a chi la sa trattare.

Ricordo infine, ancora una volta, tanto per ripetere sempre gli stessi concetti (fondamentali) che *psyche*, in greco antico. può anche essere una materia biologica, ma solo per il fatto che questo termine indica più spesso la *farfalla* (magari quella che esce dai defunti) che non l'anima (anche in Omero). Mentre il nostro concetto psicologico di anima è reso certo meglio dal PNEUMA, cioè appunto dallo *spirito*.

"Gli uomini e le altre cose vivono respirando l'aria. Essa è per loro anima e pensiero." [Diogene di Apollonia, frammento in: Simplicio, PHYSICA 151,28.4; In: Giannantoni, 1981].

"Poiché, secondo Eraclito, assorbiamo con la respirazione questa ragione divina, noi diventiamo intelligenti." [Sesto Empirico, *Adversus mathematicos*, VII 129; In: Giannantoni, 1981].

Ed è forse in questo senso che: "Allora il Signore Iddio formò l'uomo dalla polvere della terra e alitò nelle sue narici un soffio vitale, e l'uomo divenne un essere vivente." [*Genesi* 1,7].

Ma anche qui mi fermo (per ora), rispetto a tale evocazione della dimensione spirituale in psicologia, che tende a portarci troppo lontano.[4] Poiché si tratta di materia che è davvero di grande importanza. Vuole dunque un'analisi adeguatamente approfondita, che pretende di conseguenza un'adeguata trattazione in una qualche ulteriore circostanza.

---

[4] Per qualche approfondimento su alcuni aspetti significativi di questa materia, per il momento, mi permetto di rimandare l'eventuale curioso al mio: *La ragione precausale* [1983].

7. Dinamiche

Per capire la sostanza della psicotecnica riferita alla formazione personale (compresa una parte di quella che viene talvolta detta surrettiziamente "psicoterapia"), occorre avere presente anche un altro aspetto di questa storia, senza il quale non è possibile capire veramente di che cosa stiamo parlando. E siccome la gran parte di chi studia queste discipline si trova spesso a uscire dall'università senza saperne quasi nulla, mi sembra doveroso che lo ricordi io qui, ancorché in poche parole.

Posto che non si tratta di andare fino ad Adamo ed Eva (cosa che forse meriterebbe) nella nostra spiegazione, bensì di capire che cosa stiamo facendo oggi, qui ed ora o quasi. Mi riferisco anche a te, ai tuoi amici e ai tuoi colleghi, eventualmente negli stessi giorni in cui stai leggendo questo libro.

La storia si può sintetizzare nel breve profilo che segue, lasciando perdere, per un momento, il passato remoto e cominciando dalla fondazione della psicologia scientifica, più o meno a partire dalla fine del Seicento. Il che può avvenire solo rimandando ancora una volta i molti approfondimenti, che pure la materia assolutamente meriterebbe, a qualche altra occasione.

Mi limito quindi a ricordare che il grande Isaac Newton fonda la scienza fisica moderna sulla legge assoluta della gravitazione universale, la quale è costruita coscientemente sul principio primo di ogni modello filosofico di magia, che Newton definisce come principio matematico [1687], e cioè: l'*azione a distanza*.

In virtù di questo magico fattore, secondo la visione dello straordinario scienziato: i pianeti, come tutti i corpi animati (e dotati di massa; cioè: di corpo) in genere, si attraggono e si respingono l'un l'altro, senza che vi sia tra loro alcun passaggio di energia, ma solo in base alle reciproche fascinazioni che promanano da questi a quelli, fatte di forze che avvicinano e di forze che allontanano.

Tali energie non agiscono però materialisticamente né meccanicamente, visto che le leggi dell'attrazione universale non prevedono alcun contatto fisico o trasferimento oggettivo di qualcosa (di una *qualsiasi* cosa), ma intervengono solo nella forma di impalpabili istanze simpatetiche e antipatetiche.

Voglio infatti ricordare, benché il dato possa forse suonare strano agli eventuali lettori più ingenui o sprovveduti in tema di fisica newtoniana e di macrofisica moderna (o, genericamente, più ignoranti), che la teoria della gravitazione universale non ha quasi nulla a che fare con la fisica meccanica. I *Principia* di Newton sono infatti un trattato di magia-astrologia planetaria espressa in forma di numeri, dove non è prevista nessuna azione o relazione fisica materiale diretta tra i pianeti, fatta salva naturalmente l'(attr)azione seduttiva a distanza, la quale però non possiede alcun carattere materiale. E ricordo nuovamente, per chi fosse stato distratto, che tale costrutto fisico, dell'azione a distanza per simpatia, è il principio primo costitutivo di ogni forma di magia.

Trovo quasi offensivo per il lettore competente, e me ne scuso, ricordare (latinamente) che la teoria della gravitazione universale (universale, cioè: fra *tutte* le cose) di Newton, la quale fonda anche quella *nostra* scienza contemporanea che si insegna nelle scuole medie così come nelle facoltà di fisica, si basa appunto sulla *at-trazione* [AD (SE) TRAHERE: *trarre a sé*] la quale a sua volta è sinonimo tanto di *se-duzione* [(AD) SE DUCERE: *condurre a sé*] quanto di *af-fascinazione* [AD (SE) FASCINARE: *(col)legare a sé*][5].

Mentre devo ulteriormente richiamare un dato di fatto oggettivo, che rappresenta il cruccio di ogni fisico moderno, il quale sempre aspirerebbe a trovare una qualche connessione meccanica (legame che invece, ahimè, proprio non c'è) in questa teoria centrale della fisica. Bisogna infatti accettare la realtà del fatto che Newton, e noi con lui, nel parlare di attrazione universale, non stiamo usando una metafora; bensì stiamo citando il principio fondativo inalienabile della sua (e della

---

[5] Ricordo, giusto per i più curiosi i quali l'avessero dimenticato, che FASCIS è *fascio* o *fascina*, ma anche *peso* (che però viene indicato meglio come GRAVIS-GRAVE); e che FASCINUM è tanto l'*incantesimo* quanto il *membro virile*.

nostra) fisica, da noi sempre fedelmente intesa, almeno nelle lodevoli intenzioni, come scienza naturale oggettiva, positiva e materialista.

Basandosi su tale scienza della fascinazione-gravitazione, il naturalista proto-illuminista Richard Mead, medico personale di Newton, si dedica a sviluppare le leggi newtoniane della seduzione universale applicandole però al caso degli esseri umani. Pubblica dunque quello che è forse il primo testo della psicologia dinamica moderna, il *De imperio solis ac lunae in corpora humana* [1704], in cui descrive la gravitazione tra i corpi delle persone come una forma sub-lunare della seduzione planetaria, che il suo illustre paziente e amico aveva scritto in forma matematica per la macrofisica.

Secondo l'analisi pionieristica di Mead: tra le persone si esercitano delle attrazioni analoghe a quelle che intervengono nella seduzione tra pianeti. Più esattamente: l'attrazione universale viene concepita da Mead come una regola matematica che vale oggettivamente per qualsiasi materia: per gli esseri animati nel cielo così come per gli esseri animali sulla terra; e quindi anche *tra* gli animali terrestri e particolarmente tra quelli umani.

Mead sostiene, con sicurezza newtoniana, l'evidenza di tale scienza della energia universale, che collega il tutto ad ogni cosa in virtù dell'azione che promana a distanza. Più in particolare: ritiene di poter mostrare come anche l'insorgenza della malattia derivi proprio dalla inadeguata distribuzione di tale gravitazione animale all'interno del corpo. Dal che egli deduce pure che l'intervento della terapia medica consiste in primo luogo nel riportare all'equilibrio i flussi delle energie cosmiche gravitazionali fascinatorie, riflesse nel microcosmo umano, che erano rimaste in qualche modo squilibrate.

A sua volta, Franz Anton Mesmer pubblica la propria tesi di laurea in medicina [1766] producendo di fatto poco più che un plagio quasi alla lettera del testo di Mead, di cui preferisce non citare l'autore [Pattie, 1956].[6] Presto però l'anima scienti-

---

[6] La disposizione a utilizzare testi e costrutti pubblicati da altri studiosi, all'interno di proprie teorie, ma evitando agli autori originali l'imbarazzo di venire coinvolti nelle idee del nuovo firmatario e rispettando così al massimo la loro privacy (cioè: citandoli il meno

fica di Mesmer [1775, 1779] non può fare a meno di trasformare l'ormai classico concetto di *gravitazione* universale, riferita al mondo animale sub-lunare, nel più dinamico concetto di *magnetismo* animale. *Magnetismo*: in quanto elemento fisico fluido, costrutto materiale e concreto che l'illuminista Mesmer considera più oggettivo del provvidenziale intervento divino su cui invece Mead faceva ancora conto. *Animale*: in quanto si tratta di una qualità propria ai corpi animati, ovverosia di un fluido animatore dei corpi stessi.

Nel modello di Mesmer, in modo definitivo, salute e malattia dipendono dal dinamismo di un fluido psicologico. La malattia (magnetica) è un ingorgo della forza-energia [DYNAMIS] che non trova il modo di scorrere adeguatamente nel corpo della persona. L'intervento terapeutico di Mesmer è dunque pienamente psico-dinamico, nel suo sforzo di utilizzare una scarica energetica aggiuntiva per riportare lo stato fisiologico della persona al suo originario equilibrio, nei termini oggettivi della coerenza fisico elettrica di una forza nervosa.[7]

Si tratta in effetti sempre della eterna concezione della salute e della malattia che viene proposta, almeno a partire dall'antichità (e fino ad oggi), da Ippocrate come da Aristotele come da tanti altri.

Secondo tale visione dinamistica: la salute è *mescolanza* [KRASIS] e *proporzione* [SYMMETREIA; da *con*, SYN, e *misuro*, METREO] di elementi antagonisti. Tali elementi antagonisti so-

---

possibile, specie quando li si riprendono alla lettera), non è affatto un caso isolato, ma rappresenta un elemento costitutivo della nuova psicologia moderna, di cui Mesmer è solo l'iniziatore. Infatti, in una misura che (quando capita di rendersene conto) ha quasi dell'incredibile, e che in parte ho già segnalato qui e là in testi precedenti: il filone filosofico e applicativo della psicologia che si studia nelle università, specie a partire dall'ultimo quarto dell'Ottocento, è in parte rilevante solo la riedizione con nomi diversi (senza citarli) dei costrutti sviluppati da autori precedenti, pur con modeste variazioni mimetistiche. Ma questa è tutta un'altra storia, che ho già in parte affrontato ma che conto di evidenziare meglio e più sistematicamente in futuro.

[7] Ricordo, sempre per evocare elementi utili, che quella che noi oggi chiamiamo *fisiologia* in senso bio-medico, fino almeno alla prima metà dell'Ottocento si chiamava *economia animale*.

no stati, per molto tempo, i quattro fluidi vitali o umori della medicina antica e medievale: bile gialla, bile nera, flegma e sangue; oppure, in una versione più esoterica: fuoco, acqua, aria e terra.

Stando alla prospettiva classica, che è ben presente tuttora in biologia e in medicina benché con vari aggiornamenti nei nomi assegnati alle variabili in gioco: la malattia interviene quando si rompe l'equilibrio tra le parti, per cui si determina l'eccesso o il difetto di qualcuno degli elementi rispetto agli altri. Mentre la guarigione consegue tipicamente al fatto di ristabilire l'armonia, nella dinamica fra le parti stesse.

Ma, grazie al definitivo affermarsi ottocentesco della versione illuminista di una nuova biologia scientifica: accade che, a tali oscuri fluidi ed elementi della concezione arcaica di un tempo, venga sostituita la moderna oggettività materiale del fluido magnetico o del fluido elettrico o del fluido biochimico-elettro-magnetico, specie con riferimento alle sue due polarità principali: positiva e/o negativa.

Nel frattempo, il medico ostetrico bolognese Luigi Galvani conduce studi fondamentali sulla meravigliosa capacità del fluido magnetico di rianimare, nel senso di ridare autonomia di movimento, un corpo morto; in particolare: il nervo sciatico della rana. Nel suo testo più rinomato [1791] sceglie di chiamare questo fluido "vis electrica", ma in altri scritti lo definisce volentieri magnetismo. Anche perché la scelta di chiamare elettricità il magnetismo si deve principalmente al suo acerrimo antagonista Alessandro Volta, cui Galvani non amava dare soddisfazione, ed ai suoi studi sulla pila magnetica.

Consideriamo anche che il Galvani non disponeva di un generatore di elettricità in senso moderno, apparecchio che verrà appunto prodotto dal Volta, per cui i suoi esperimenti si basano sulla elettricità pressoché naturale, cioè sulla blanda "elettricità artificiale" (come veniva chiamata allora) generata da macchine elettrostatiche a frizione.

Dove merita notare che: agli occhi di Galvani, così come a quelli dei suoi contemporanei, questo magnetismo (o elettricità) in grado di dare vita e movimento, cioè anima, alle cose (e quindi: animale) è un fluido spontaneamente presente in natura, e non una specie di prodotto artificiale dell'industria, come invece appare talvolta al nostro sguardo di oggi, abituati come siamo a concepire l'energia elettrica come uscita dalle turbine delle centrali.

Il magnetismo animale, nella sua forma naturale, agli occhi di un osservatore che non sia totalmente perso nella nostra cultura scientifico-industriale contemporanea, si presenta piuttosto come un fluido leggero, diffuso tutto intorno a noi; e anche tra gli spazi siderali, dove fa interagire i pianeti. E' verosimile dunque immaginare che tale fluido possa in qualche modo essere convogliato verso una direzione o verso un'altra, come si trattasse dello scorrere di un ruscello o del soffiare del vento; come in effetti accadrà anche con l'industria elettrica ed elettronica.

La dinamica del fluido etereo sembra avere qualcosa a che fare con l'animazione intrinseca alla natura, anche con quella degli oggetti. Una energia del genere può dunque essere ragionevolmente utilizzata, in una prospettiva che potremmo definire naturopatica o anche omeopatica, direttamente *dall'*essere umano, e *sull'*essere umano, senza particolari interventi meccanici. O almeno: qualche soggetto particolarmente fantasioso (diciamo: alla Newton) potrebbe anche immaginare di farlo.

Ed ecco che qualcuno cerca di applicare il magnetismo animale per ridare vita agli esangui, o meglio per restituire l'equilibrio vitale a quanti si trovano ad essere squilibrati rispetto alla spontanea fisiologia-economia dell'animale. L'intervento di Mesmer, che nella sua forma originale è molto diverso (almeno esteriormente) da quella che oggi chiamiamo psicotecnica ipnotica, consiste appunto nel ricostituire l'equilibrio elettrico del soggetto, ricostituendolo in un senso assolutamente concreto e materiale.

Ciò avviene caricando la persona di energia magnetica: grazie all'impiego di una pila o dinamo (il suo famoso *baquet* a induzione); oppure in virtù del fatto che un gruppo di persone si collega tenendosi per mano e attivando così un cortocircuito che è potenziato dalla loro stessa elettricità personale; o per applicazione di un accumulatore metallico opportunamente caricato (*baguette*) direttamente sul corpo della persona, secondo una tecnica che discende in modo diretto da Galvani.

8. Magnetismi Psichici

Ma l'idea di un magnetismo animale in senso fisicalista e materialista, che si collega alla forza e all'equilibrio vitale (o animale o elettrico) della persona, non fa a tempo a nascere che è già praticamente morta.

Il magnetismo animale psicologico alla Mesmer, cioè la psicologia dinamica, si manterrà infatti a lungo, e continua ad avere molti epigoni più o meno espliciti ancora oggi. Ma la pretesa che il fluido magnetico abbia il carattere materiale di un vero e proprio fluido elettrico oggettivo e misurabile si perde, nei fatti, quasi immediatamente, salvo che nella assoluta fede illuminista del Mesmer stesso e di qualche altro suo poco ascoltato seguace.

Già nel 1784, ancora prima che si sia pronunciata la ben nota Commissione Reale che saggiamente negherà l'esistenza concreta e tangibile del magnetismo animante, pur senza avanzare il benché minimo dubbio sulla sua evidente efficacia suggestiva terapeutica, lo Chevalier de Barbarin, a Lione, considera il magnetismo stesso come una potente forza spirituale suscitata dalla preghiera cristiana.

Contemporaneamente, a Buzancy, Armand-Marie-Jacques Chastenet de Puységur [1784] lo tratta come una semplice, benché molto importante, disposizione naturale di persone psicologicamente sensibili. E ancora, pochi decenni dopo, Custodio de Faria [1819] lo traduce definitivamente in una forma ancora più semplice di stato mentale: in un sonno lucido, cui James Braid [1843] si limiterà a cambiare il nome in ipnosi, che può essere facilmente indotto per suggestione diretta da chiunque ne sia un po' esperto ma, più ancora, sufficientemente convinto.

Per cui, quasi da subito, l'idea dell'energia psicologica si afferma diffusamente, ma nella forma di una entità immateriale o semplicemente relazionale, assai poco determinata, definita da alcuni anche come spirituale, che però nessuno cerca ormai più di identificare seriamente con una qualche forma di etere o di fluido o di flusso fisico circoscritto.

Tale nuova psicologia (dinamica) si afferma come una disciplina indipendente, che ha qualcosa da spartire con: la TELE-PATHIA [*emozione a distanza*]; la *comunicazione*, nel senso del *mettere in comune* dei contenuti mentali; la *chiaroveggenza*, nel senso che l'analista esperto, sapendo opportunamente indirizzare il fluido proprio, è in grado di portare alla luce i pensieri oscuri del suo interlocutore; l'*oniromanzia* [in tedesco: *Traumdeutung*] intesa come capacità di interpretare il messaggio nascosto che ci portano i sogni, nonché i prodotti telepatici e comunicativi della fantasia in genere; e così via.

Nell'ulteriore percorso di questo ultimo secolo e mezzo (da allora), più o meno, non è stato aggiunto gran che a tali costrutti di base, salvo trovargli sempre nuovi nomi e soprattutto sempre nuove e più rispettabili vesti, per meglio contrabbandare il magnetismo animale, ormai travestito appunto da ben più innocua (almeno in apparenza) psicologia dinamica, nel razionalismo biologico medicalista del Novecento.

Nella seconda metà dell'Ottocento si aggiunge in effetti qualche nuovo costrutto, che riesce ad ottenere un relativo successo, per cui una certa sua rilevanza permane ancora oggi, pur con frequenti variazioni o cambi di firma. E' il caso della identificazione di una specie di organo profondo dell'inconscio definibile come *Od* [Reichenbach, 1852], che è la forma tedesca dell'*Id* latino, tradotto da alcuni in italiano come *Es*. E' anche il caso della identificazione di una struttura di pensiero sotterranea e profonda, che esiste per conto proprio, intesa come istanza mentale inconscia indipendente dalla coscienza manifesta [Carpenter, 1871]. E' il caso della constatata continuità fra isteria, ipnosi, sogno e pensiero profondo allo stato di veglia [James, 1890].

E' il caso del *transfert* di energia psichico-magnetica che si fissa su un organo, anche trasferendosi da una parte all'altra del corpo, oppure che viene catalizzata dall'intervento del medico [Binet e Féré, 1885]. E' il caso della definizione di tale energia psicologica come *libido* [Benedikt, 1868]. E' il caso della interpretazione delle fantasie, e particolarmente dei sogni, come realizzazione di desideri [Linkeus, 1899]. E' il caso dell'analisi psicologica condotta in stato di rilassamento e per vie associative [Ebbinghaus, 1885; Janet, 1889].

E' il caso (già accennato), sostenuto da innumerevoli autori a partire dallo stesso Puységur, della capacità medianico-telepatica, accompagnata da straordinaria capacità diagnostica, che si determina in alcuni soggetti particolarmente competenti quando entrano in quello speciale stato ipnotico oniroide efficacemente definito come attenzione fluttuante. E' il caso di tanti altri passaggi del perfezionamento ottocentesco relativo al campo della psicologia dinamica, che vedremo meglio altrove.

Non andrò ulteriormente avanti in questo accenno alla storia della psicologia magneto-dinamica. Questa infatti si è ampiamente diffusa nella cultura occidentale contemporanea, tanto da avere conquistato uno spazio importante, sottratto in larga parte a più tradizionali modi di assistenza non biologica alla persona e in parte minore alla medicina. O meglio: sottratto a quella parte suggestiva della medicina o della farmacopea da placebo che è ormai relativamente poco interessa alle scienze bio-mediche vere e proprie, visti gli straordinari successi che queste ottengono oggi nel campo della guarigione reale.

Tale avvento della psicologia clinica o dinamica o magnetico-elettrica, che si è fondato in larga parte sul travestimento para-scientifico delle sue radici originali e sulla crisi delle istituzioni spirituali tradizionali cui l'assistenza psicologica si è andata sempre più sostituendo, ha presentato e presenta molte facce differenti.

La strada maestra del suo sviluppo si è sostanziata principalmente nelle molte versioni in cui i fondamenti sette-ottocenteschi della psicologia si sono diffusi a livello popolare in tante forme divulgative novecentesche. Queste sono differenti nelle confezioni e nei nomi di volta in volta inventati per diffonderle culturalmente e per affermarle nel commercio della psicologia, ma sono sostanzialmente analoghe nella sostanza e nelle psicotecniche che meglio o peggio vengono impiegate per trasformarle in una professione.

I protagonisti di tale vasta strategia di diffusione sul mercato culturale e professionale sono stati (e sono) molti, ciascuno con i propri marchi registrati e con le proprie diverse fortune. Tra questi, che hanno operato sia prima sia dopo quanti abbiamo appena citato, possiamo ricordare i vari Swedenborg, Perkins, Ribot, Bernheim, Charcot, Quimby, Baker Eddy, Freud, Coué, Assagioli, Jung, Adler, Desoille, Reich, Moreno, Lacan, Schultz, Rogers, Lowen, Perls, Lewin, Erickson, Berne e tanti e tanti altri (da affiancare a questi che ho appena citato solo in veste di frammentario promemoria).

Alcuni di loro sono stati artisti più sofisticati ed altri invece artigiani più semplici; alcuni più generosi e altri più affaristici; alcuni più geniali e altri più prosaici. Ma sono stati tutti relativamente diversi nelle parole e nelle etichette e nei colori delle loro (e nostre) scatole, benché sempre molto simili nel contenuto concreto dei loro astucci o nell'effetto stimolante che hanno saputo più o meno produrre sulla vis medicatrix naturae dei loro interlocutori.

Stante che ciascuno di questi autori ha saputo a volte trovare nomi nuovi e nuovi accorgimenti nella tecnica di dettaglio, a volte con notevole capacità inventiva, con sagacia e con brillanti qualità critiche. Ma stante anche che, in generale, hanno di fatto utilizzato sul piano pratico, quando non si sono limitati alle interpretazioni ma hanno anche cercato di operare nel concreto, tutti più o meno le stesse psicotecniche di base, con solo modeste variazioni sul tema.

Oggi nessuno (o quasi nessuno, almeno in ambito medico e psicologico ufficiale) crede più seriamente nel magnetismo animale, inteso come fenomeno fisico nel senso delle scienze naturali. Ma la psicologia (dinamica e non) ragiona spesso e volentieri, senza farsi grandi problemi, descrivendo la mente e l'animo umano in termini che sono squisitamente psico-magnetici.

Le versioni contemporanee dell'elettro-magnetismo sono facilmente riconoscibili anche nell'uso costante, in ambito psicotecnico, della terminologia psicologica, di derivazione chiaramente elettrica ed energetica, che usa pressoché costantemente espressioni quali, per citare solo qualche esempio: *dinamica* di gruppo, *potenziale* umano, *campo* psicologico, *attrazione* interpersonale, *scarica* emotiva, *surmenage, energia* mentale, *carica* libidica, *sovra-carico* nervoso, emozione come *quantum di energia, attivazione, riscaldamento, esaurimento* nervoso, *stress, transfert* energetico, *carica, catessi, valenza, tensione, picco, positività, negatività, calore, riscaldamento, raffreddamento, polarità* e così via.

Nello stesso tempo, anche la tradizione oggettivista e materialista delle scienze neurali mantiene con convinzione l'idea che il pensiero sia una forma di magnetismo o, per riferirsi a tale concetto in termini più moderni, di elettricità. Benché in qualche caso, più che di dinamica elettro-magnetica, si preferisca usare la formula più moderna di una elaborazione bio-chimico-elettronica a livello cerebrale. Ma l'idea di base resta sempre quella di un fluido che scorre lungo il corpo, dandogli vita e riflettendosi nelle consapevolezze del pensiero così come nei comportamenti di ciascuno.

La grande differenza tra due secoli fa ed oggi è che, per riportare solo un paio di esempi: invece che cercare di misurare il magnetismo individuale con la sensibilità della mano (del magnetista), si applicano al suo dito (del corpo magnetico) i rilevatori della risposta elettro-dermica, considerata come una evidente materializzazione fisica oggettiva dell'energia emozionale. Analogamente: si ausculta il suo cranio con il nuovo strumento antropometrico del magneto-encefalo-gramma, che produce mappe frenologiche computerizzate delle funzioni mentali di volta in volta vitalizzate. E così via. Per cui si parla con grande precisione scientifica di elettro-chimica del sistema nervoso, e di potenziali (umani? animali?) evocati, ma il fluido magnetico animale sembra continui a scorrerci nelle vene o quanto meno nel cervello, che noi ce ne rendiamo conto oppure no.

In conclusione: la metafora energetico-dinamico-psichica, pur nella sua natura magico-stregonesca, esercita sempre un grande fascino sul mondo psico-logico, benché continui ad essere qualcosa che riesce difficile descrivere davvero.

Per cui la psicodinamica si presenta come un ottimo modo di ragionare, anche solo metaforicamente, in questo settore. Posto che: la psico-dinamica e la psico-magnetica e la psico-elettrica e la psico-nevrotica e la psico-elettronica sono tutte metafore pressoché sinonimiche della psicologia come capacità attivamente trasformativa.

9. Arti e Scienze della mente

A questo punto, per quanto riguarda il nostro percorso, merita ritornare, restringendo il campo, al già evocato fenomeno, molto rilevante per il movimento psicologico benché non sembri essere stato pienamente apprezzato in tutte le sue implicazioni; e cioè che esistono almeno due anime principali e autonome della *psicologia* moderna, le quali vivono in mondi ben separati tra di loro.

Abbiamo già visto che le nature del movimento psicologico sono certamente più di due, ma il confronto che maggiormente ci interessa in questa sede è proprio quello tra la prima e la seconda, che sono anche le due realtà di maggiore rilievo, tanto sul piano storico quanto sul piano della loro incidenza culturale, sociale e professionale al giorno d'oggi.

A costo di ripetermi, ma in effetti con l'obiettivo di approfondire, torno dunque a collegare le caratteristiche principali di tali due strategie fondative principali del movimento, che attualmente coesistono con una certa armonia, ma vivendo ciascuna a casa propria. Le ricordo ancora una volta: la prima, in ordine di tempo, è stata la *psicotecnica*, o arte psicologica o psicologia pratica; la seconda è stata la *psicoscienza*, o scienza psicologica o psicologia pura.

Tali due strategie di approccio alla condizione umana intrattengono fra loro alcuni legami di parentela, nell'ambito della grande famiglia psicologica allargata, ma sono anche ben distinte l'una dall'altra. Molte circostanze storiche hanno portato a convogliare entrambe le tradizioni nell'alveo del movimento psicologico; ma certo non le hanno mai rese equivalenti.

Psicotecnica e psicoscienza possono forse essere considerate, in un certo senso, come sorelle e per qualche aspetto persino come gemelle (dizigote), ma suona assai più efficace descriverle come cugine se non, più genericamente, come colleghe (scarsamente collaborative). Psicotecnica e psicoscienza hanno certo una percentuale del loro corredo storico-genetico in comune, ma appunto solo una parte (decisamente minoritaria).

Benché talvolta, ad esempio in certi contesti accademici o viceversa in certi ambiti professionali, pare quasi che il livello effettivo di parentela sia al massimo quello in base a cui si può affermare, forse correttamente ma certo genericamente, che: siamo tutti fratelli in Adamo (ed Eva).

Ciò posto: questo dato di fondo, che caratterizza il movimento psicologico contemporaneo, va esplicitato a chiare lettere e sviluppato almeno in qualcuna delle sue molte implicazioni e delle sue molte conseguenze.

Dalla confusione tra le due anime principali della psicologia discendono infatti tante grossolane ingenuità e molti diffusi errori. I quali fraintendimenti certamente non giovano allo sviluppo della disciplina nel suo complesso, così come alla effettiva qualità del lavoro e delle conoscenze di quelli che se ne occupano.

Definire lucidamente la natura della psicotecnica può aiutare altresì a realizzare la psicotecnica stessa con molta maggiore consapevolezza ed efficacia di quanto non avvenga ora. Il che ci aiuta nel contempo a comprendere con maggiore chiarezza la natura della psicoscienza che le è complementare.

Continuare a fingere che un esperimento sulle illusioni ottico geometriche o sulla rotazione mentale del cubo sia il presupposto scientifico imprescindibile per realizzare un colloquio di counseling con uno che è appena stato investito da un'auto, è un modo grottesco per fare delle battute di spirito. E' uno spirito che però non aiuta a migliorare la qualità di nessuno dei due modi di fare psicologia, cui effettivamente le due pratiche si riferiscono.

Insomma: c'è la conoscenza oggettivista e razionalista della psiche, cioè la psicoscienza; e c'è l'arte concreta e operativa della mente, cioè la psicotecnica. Nel linguaggio comune, queste due realtà separate vengono costantemente fuse e confuse tra loro: talvolta quasi per caso; talatra per una forma ingenua quanto inconsapevole di ignoranza; qualche altra volta ancora per una scelta ben consapevole e interessata.

Lo ripeto: mi è sempre apparso ovvio il fatto che la psicotecnica è quella modalità metodologica, esistenziale e spirituale che caratterizza la forma disciplinare pratica della psicologia, con un taglio chiaramente artigianale o artistico. La quale psicotecnica esiste in una dimensione a sé stante rispetto alla forma disciplinare pura della disciplina psicologica, che è di taglio razionale o scientifico, e che caratterizza invece le scienze della mente.

La psicoscienza si fonda sul modello delle scienze oggettiviste moderne, cioè sulla metafora galileiana secondo cui la natura ha le qualità concrete di un libro scritto. Per cui, almeno potenzialmente: la natura ha carattere materiale (è aliena da qualsiasi dimensione soggettiva o spirituale) ed è sempre perfettamente leggibile.

Il libro galileiano della natura è stato scritto da Galileo e dai suoi seguaci, per definizione, in lingua matematica. Quindi, almeno potenzialmente: secondo i sostenitori del movimento scientifico, la natura può sempre essere razionalizzata [RATIO, in latino, è appunto il *calcolo matematico*] dallo scienziato che la legge e che la scrive.

Di qui, tra l'altro, la moderna confusione linguistica tra la fisica originariamente intesa, che è lo studio della natura e cioè di qualsiasi forma o concezione riferita al mondo naturale [stante che FYSIS è appunto, e solo, la *natura* naturale] e la concezione ristretta della natura stessa, che viene ridotta a un mondo di elementi sempre tangibili e sempre misurabili. Questi, per principio, sarebbero comunque privi di qualsiasi dinamica o intenzionalità autonoma; sarebbero cioè privi di anima.

Secondo tale ideologia, in sostanza: tutto ciò che ha a che fare con la natura-fisica, esiste solo nella forma di cosa materiale e razionalizzabile in forma oggettiva ivi compresa, ovviamente, qualsiasi forma di soggettività psicologica.

La psicotecnica, dal canto suo, si occupa di coltivare le capacità mentali della persona, definibili anche come quel potenziale umano di cui ciascuno di noi è portatore sin dalla nascita, per il fatto stesso di essere umano. Il quale potenziale agisce naturalmente nella direzione di favorire il benessere, la felicità e l'armonia della persona.

Posto che la psicotecnica, in virtù della sua natura squisitamente artigianale o artistica, non pretende di appartenere al movimento scientifico materialista e quindi non pretende di ridurre la realtà e la vita alla sola dimensione oggettivista e razionalista delle cose; visto che non si occupa di oggetti, ma di persone. La psicotecnica preferisce cioè, alla misurazione dei cervelli e del loro magnetismo elettrico-elettronico, il piacere che risiede intrinsecamente nella pratica di rendere migliore la vita delle persone.

Ma non andremo oltre, in questa sede, anche se mi pare utile, a conclusione del capitolo, sottolineare che arte e scienza sono due realtà umane diverse e in larga parte incommensurabili, ma che nessuna delle due può essere veramente considerata di per se stessa migliore dell'altra.

Questa precisazione può suonare pleonastica, ma diventa quasi doverosa per il fatto che non pochi artisti e artigiani, almeno nell'ambito del movimento psicologico, paiono vivere un forte senso di inferiorità nei confronti della comunicazione scientifica. Per cui: l'affermazione secondo cui la psicotecnica è un'arte e non una scienza pare loro quasi un'offesa per quella forma di psicologia (la psicotecnica) di cui sono cultori.

Faccio invece presente che l'affermazione secondo cui il teatro di Shakespeare piuttosto che i quadri di Pollock o i diari di Santa Teresa d'Avila non nutrono pretese di scientificità rappresenta per queste opere motivo di grande nobiltà e di orgoglio. Così come il fatto si sottolineare che la fisica delle particelle non esprime qualità di tipo artistico non toglie nulla al fatto che tale scienza ha comunque permesso di ottenere grandi risultati pratici per l'umanità. Ma anche questo è un ragionamento importante, che merita evocare in questa sede, ma che ci porterebbe troppo lontano. E quindi lo rimandiamo.

Insomma: sottolineare la natura artistica di quell'anima del movimento psicologico che si è affermata come psicotecnica significa semplicemente sottolineare che c'è una parte della psicologia la quale non nutre uno speciale interesse per lo sforzo di adeguarsi all'ideologia galileiana dell'industria scientifica.

Così come ricordare che: almeno una parte del movimento psicologico, almeno nella sua componente psicotecnica, persegue una scelta artistica che non ha la pretesa di razionalizzare il mondo, significa semplicemente ricordare che l'arte psicologica non si considera in alcun modo schiava (espressione un po' retorica, ma che evoca bene alcuni aspetti grotteschi della cultura contemporanea) di tutti ma proprio tutti i pregiudizi che stanno alla base dell'ideologia matematica.

10. Nessuna nuova in testa

Ma restiamo al tema che ci interessa in questa sede. Non credevo proprio che l'esistenza della psicotecnica, come pratica che vive in modo indipendente rispetto sia dalle scienze della mente sia dalle filosofie del pensiero, potesse rappresentare una scoperta.

Né mi sembrava che tale realtà, la quale mi è sempre apparsa del tutto evidente nella pratica quotidiana della psicologia e delle discipline affini, meritasse di venire spiegata più di tanto. Né pensavo che fosse necessario proclamare l'esistenza della psicotecnica per renderla evidente a tutti, poiché mi appariva evidentissima di per se stessa, senza nessun bisogno di sottolinearlo, tanto nella pratica quanto nella teoria.

In particolare, poiché mi sono sempre occupato approfonditamente di entrambi i poli della faccenda (psicoscienza e psicotecnica), non ho mai notato che la relativa competenza nell'ambito dell'una potesse portarmi qualche utilità, ma neppure qualche danno, nell'ambito dell'altra.

Come sperimentalista di laboratorio (da oltre trent'anni) e come professore universitario di psicologia generale (da oltre venti), non ho mai tratto alcuno spunto particolare dal fatto di dirigere psicodrammi o di indurre stati di trance. Come psicotecnico in teatro e nella formazione e nei gruppi, o come allenatore cognitivo comportamentale delle persone (anche qui: da un buon quarto di secolo), non mi è mai capitato, se non in un senso molto metaforico, di applicare veramente un qualche risultato della ricerca sulla percezione del completamento amodale o sul funzionamento della memoria iconica cui pure mi dedicavo in laboratorio.

Mi è sempre parso del tutto evidente che la psicotecnica non è affatto l'applicazione della psicoscienza più di quanto la pittura sia un'applicazione della chimica dei pigmenti o di quanto il gioco del calcio sia un'applicazione della balistica.

Sono sinceramente e assolutamente e profondamente convinto che chi esercita la psicotecnica troverà sempre vantaggio, sul piano conoscitivo culturale, a studiare tantissimo, anche i libri di filosofia e gli esperimenti di laboratorio. Ma so anche che tali frequentazioni, pur dandogli molto e anche moltissimo in termini di qualità mentale del suo lavoro, gli offriranno anche molto poco, almeno in forma diretta, sul piano pratico dell'intervento.

Ho anche capito che alla psicoscienza non importa quasi nulla della psicotecnica, come appare piuttosto evidente dalla pressoché totale assenza di quest'ultima da qualsiasi rivista scientifica accademica così come dagli insegnamenti universitari.

Il movimento scientifico tollera infatti magnanimamente di concedere qualche spazio alla filosofia analitica del pensiero, ma ritiene chiaramente che l'arte della mente sia una disciplina distante da sé, oltre ad essere almeno potenzialmente (quanto pericolosamente) concorrenziale rispetto alle agenzie di finanziamento pubblico della cultura. Il che dipende soprattutto dalla notevole efficacia applicativa concreta della psicotecnica e dalla condizione opposta, che invece è di base (cioè, in sostanza, fondamentalmente inutile), della psicoscienza.[8]

Mi è sempre parso del tutto evidente che il collegamento tra la psicoscienza e la psicotecnica è di natura estrinseca, essendo dovuto a meccanismi di mercato accademico e professionale, e avendo solo (molto) scarse fondamenta di carattere epistemologico.

Detto in poche parole: la psicoscienza si avvantaggia del fatto che la psicotecnica ottiene buoni successi pratici, mentre la quasi totalità degli studenti universitari di psicologia è interessata all'arte della mente (accanto alla sua filosofia) mentre tende a deprimersi di fronte alla ricerca di base ed alla statistica.[9] Ma è principalmente in nome di tutta questa popolarità

_____

[8] Confermo che la ricerca di base *deve* essere aliena da qualsiasi obiettivo di utilità, come ogni scienziato pretende assolutamente che sia (naturalmente: non nelle prefazioni e nelle conclusioni in appendice alle richieste di finanziamento pubblico). Questo è uno dei suoi maggiori punti di forza. Soltanto chi non avesse nessuna competenza nel campo della ricerca scientifica potrebbe pensare che la definizione di "inutile" per la ricerca di base sia una specie di offesa, invece che il grande motivo d'orgoglio che è.

[9] Lo so bene sia in base a dati di ricerca sia perché ho più volte insegnato, in università, anche queste due discipline.

letterario-artistica che la psicoscienza riesce ad ottenere catte-
dre e denaro dallo Stato.

Da parte sua, la psicotecnica trae vantaggio dalla credibilità
sociale di cui gode attualmente il movimento scientifico-
industriale, cui finge di ispirarsi attraverso le scienze cognitive, per apparire credibile nei media e per conquistare pubblico. Anche perché, soprattutto nel caso dell'Italia, sarebbe
molto più difficile agire come se la psicologia fosse una disciplina sanitaria se questa non si travestisse, pur nei limiti del
credibile, come una specie di scienza medica.

Dopo di che: lo scienziato sperimentalista (che in genere
non ama definirsi esplicitamente uno psicologo) tende a pensare (ma evitando di dirlo troppo in pubblico) che la consulenza psicologica sia mediamente una forma di intervento
suggestivo per persone deboli di mente. Mentre lo psicologo
pratico (poco incline a sentirsi uno scienziato, se non nelle di-
chiarazioni delle brochure pubblicitarie) tende a pensare (ma
evitando di dirlo troppo in pubblico) che la ricerca di laboratorio sia mediamente un'attività parassitaria per gente che non sa
fare di meglio. E preciso che, per quanto mi riguarda, sono invece convinto che entrambe le strade siano altrettanto affasci-
nanti quanto importanti per ciascuno di noi.

11. Psicotecnica: Il diritto alla felicità

La psicotecnica è il percorso attraverso cui si realizza l'arte della mente. Visto che, come merita sempre ripetere, il termine psicotecnica nasce dall'unione delle due parole greche antiche: PSYCHE [πσυχε] e TECHNE [τεχνε]; cioè: *mente, anima, respiro* da una parte e *arte, formazione, creazione* dall'altra. Studiare la psicotecnica è come proporsi di conoscere, di capire, di imparare o di vivere un'arte. E' una procedura diversa da quella che presiede allo sforzarsi di studiare una serie di nozioni scientifiche; almeno nel senso in cui questo accade di solito per le conoscenze più razionalizzate delle scienze naturali o delle scienze astratte razionali.

Formarsi con una psicotecnica è qualcosa come imparare a dipingere, a danzare, a suonare uno strumento musicale, ad esercitare uno sport, a scrivere. Le sono sicuramente utili anche delle nozioni di carattere più teorico, che si conoscono attraverso uno studio costante e approfondito; ma soprattutto: c'è da esercitarsi e poi da esercitarsi e poi ancora da esercitarsi, sempre.

La regola prima della crescita intellettuale, che nel caso delle conoscenze scientifiche si può sintetizzare efficacemente con la prescrizione dello "Studiare e poi studiare e poi ancora studiare", nel caso delle arti si esprime meglio nello: "Sperimentare e poi sperimentare e poi ancora sperimentare".[10]

La psicotecnica si fonda sulla interpretazione, sul rapporto diretto che ognuno si costruisce con la realtà, sulla produzione personale del mondo, sulla elaborazione di sé, sulla performance. La psicotecnica sviluppa quella particolare forma di interpretazione che è caratteristica dell'attore sulla scena.[11]

---

[10] E poi ancora sperimentare.
[11] Notava saggiamente Walter Benjamin che "Tutta la conoscenza umana prende forma di interpretazione". E' quindi verosimile immaginare che, attraverso l'interpretazione, anche la consapevolezza di sé possa evolversi.

Psicotecnica è un concetto generale e un po' generico, che può riferirsi ad una gamma molto ampia di pratiche specifiche. Ispirandoci indicativamente al modello delle classificazioni biologiche, potremmo dire che la psicotecnica è una famiglia, la quale si può concretizzare in generi diversi quanto mutevoli. Sotto il nome di psicotecnica si radunano le varie forme della psicologia in azione, cioè le tecniche attive che sono state sviluppate per facilitare quel potenziale umano che si ritiene sia spontaneamente presente in ognuno di noi, a livello appunto di possibilità o di presupposto, ma che le complesse vicissitudini del nostro percorso esistenziale hanno in vario modo ostacolato o impedito nella sua realizzazione in forma attuale.

Il principio fondativo della psicotecnica è che esiste una disposizione naturale (nel senso di: spontanea o automatica) della persona verso la crescita psicologica, cioè verso l'equilibrio, l'armonia, la felicità. Tale propensione viene non di rado impedita o costretta dalle circostanze della vita.

La psicotecnica si propone di identificare e di sviluppare quelle arti che possono aiutare le persone a riprendere il timone della propria vita, nella direzione di quella ricerca della felicità che la psicotecnica stessa considera un diritto naturale di ogni essere umano in quanto tale.

Alle psicotecniche sono stati attribuiti nei secoli, di volta in volta, nomi assai diversi e fantasiosi, soprattutto perché, seguendo la più classica tradizione psicologica in senso psicotecnico, molti autori hanno cercato di certificare la propria originalità usando termini di loro invenzione per qualificare le proprie pratiche. Ma poi tutti hanno messo in atto più o meno le medesime tecniche più o meno allo stesso modo o con un livello di variazione paragonabile allo stile specifico di ciascun artista all'interno di una specifica arte.

Dove è ovvio che ognuno ha messo il proprio estro originale nel suo modo particolare di realizzare la propria testimonianza. Ma dove è abbastanza curioso che alcuni abbiano preteso: non di avere uno stile proprio (che è un fatto ovvio), bensì di possedere una modalità speciale e assolutamente unica, quasi una propria scienza separata, nell'agire la medesima arte (più o meno) di tutti gli altri.

Nell'ambito delle psicotecniche, specie con riferimento alle tecniche attive, vengono annoverate numerose modalità di intervento che trovano applicazione in vari ambiti della formazione personale. Tali metodi discendono da una tradizione consolidata, ancorché spesso nebulosa nei principi teorici e operativi che vengono loro attribuiti dai loro pretesi inventori (i quali sono in genere numerosi, diversi e non di rado fieramente contrapposti per ciascun singolo metodo o principio). Anche perché i performer di psicotecnica usano muoversi come i cani sciolti, ognuno per conto proprio, spesso ignorando (o fingendo di ignorare o cercando di distinguersi in tutti i modi da) tutti gli altri.

In sostanza: la psicotecnica attinge a molti e diversi momenti della tradizione psicologica e performativa, tenendo conto di una vasta gamma di esperienze e di tradizioni. La psicotecnica raccoglie gli echi di tante pratiche, che storicamente sono state definite nei modi più vari, talvolta con sistematicità e talvolta in modo estemporaneo.

Voglio dunque elencare qui qualcuna di tali tecniche, ben consapevole del fatto che si tratta di modelli assai diversi, per estensione pratica e per profondità argomentativa, ma anche del fatto che sono tutti riferiti, almeno in parte, al concetto psicotecnico di un intervento catalizzatore dei processi evolutivi naturalmente presenti nella persona.

Tra queste, procedendo in ordine sparso e senza alcuna pretesa di elencarle tutte, possiamo evocare ad esempio espressioni quali: formazione, psicoterapia, strategia cognitivo-comportamentale, magnetismo, pedagogia, counseling, psicoanalisi, coaching, teatro spontaneo, dinamica di gruppo, empowerment, simulazione, gioco psicologico, role playing, drammaterapia, danzaterapia, arteterapia, visualizzazione creativa, psicodramma, teatro di ricerca, sociodramma, immaginazione guidata, suggestione, sensibilizzazione, desensibilizzazione, sensitivity training, playback theatre, training group, t-group, sperimentazione artistica, avanguardia, training organizzativo, psicosintesi, bioenergetica, training assertivo, formazione psicosociale, pratica aziendale, improvvisazione, teatro psicologico, teatro attuale, gestalt, giornale vivente, narratività, co-counseling, rebirthing, ipnosi, yoga, meditazione, mindfullness, consapevolezza, risveglio, professional skills, competenze trasversali, terza forza; e chi più ne ha più ne metta (ché ce ne sono ancora tante e tante altre).

Tutte queste espressioni pongono l'accento su metodologie un poco diverse o su ricostruzioni teoriche o para-teoriche relativamente differenti. Alcune coincidono completamente con una psicotecnica specifica, altre vengono usate strumentalmente, a supporto di qualche intervento pratico; ma tendono poi tutte ad avere una propria vita autonoma (teorica, scientifica ecc) assai indipendente dal nome assegnato agli interventi concreti in cui vengono applicate.

Molte, tra queste, servono più che altro a fare da insegna che aiuti a differenziare gruppi di professionisti contrapposti nella competizione per il controllo del ricco mercato della consulenza psicologica spirituale, che alcuni chiamano anche, utilizzando un termine che considerano più efficace per la vendita: mercato psicoterapeutico.

Sul piano pratico, della realizzazione artistica vera e propria: queste arti o tecniche o metodologie o discipline o teorie o associazioni o consorterie professionali, si riferiscono però tutte a un modo di fare e di concepire l'intervento che si appoggia su di una base decisamente comune. Stante che: quello che può variare davvero, di volta in volta, consiste più che altro nella diversa capacità a dirigere efficacemente le varie psicotecniche, così come nella capacità di ottenere effettivamente dei risultati.

12. Artigianato mentale

A questo punto del breve saggio, voglio anche segnalare qualche elemento relativo alla realizzazione dalla psicotecnica in pratica. Ricordo però che questa memoria non vuole essere un manuale sull'arte della mente, ma cerca solo di proporre un'introduzione ad alcuni presupposti concettuali della disciplina, oltre che segnalare l'esistenza della disciplina stessa.

Non entreremo dunque, nemmeno lontanamente, nel dettaglio relativo a come svolgere i singoli interventi psicotecnici passo dopo passo. Una tale materia richiederebbe infatti la redazione di veri e propri manuali.

Voglio però ricordare che lo scopo primario dell'intervento psicotecnico è quello di favorire, per ciascuna persona, l'opportunità di esprimere contenuti che rivestono grande importanza per lei, per la sua storia e per la sua esistenza, ma che si trovano ad essere relegati e mascherati e nascosti nei meandri della sua mente implicita.

L'arte della mente sviluppa delle procedure che aiutano l'implicito della persona, specie quello più carico di contenuti emotivi, ad esplicitarsi e ad esprimersi. Ricordando ancora che *esprimere* viene da EX-PREMERE [*premere, esercitare una pressione, comprimere* o *incidere fuori*] mentre *esplicitare* viene da EX-PLICA [che sottrae *alla piega*, o libera *dalla piega*, o *spiega*].

L'arte della mente vuole rendere piano e scorrevole ciò che è accidentato e contorto, vuole scioglierlo e liberarlo, permettendogli così di farsi più armonioso. L'intervento psicotecnico può essere descritto quindi come una strategia che persegue una doppia azione.

Per un verso la psicotecnica aiuta appunto la persona ad esprimere, cioè a buttare fuori l'eccesso emotivo che fa da impedimento, in virtù della catarsi come purificazione *dalle* emozioni.

Per un altro verso la psicotecnica aiuta la persona a spiegare, cioè a comprendere nuovamente quanto era rimasto escluso, così da ricostituire l'armonia generale del pensiero, in virtù della catarsi come purificazione *delle* emozioni.

Posto che sullo sfondo rimane la liberazione, che l'arte della mente può aiutare ad ottenere, di nuove risorse della vis medicatrix naturae con tutto il suo potenziale di crescita per l'attore.

Le psicotecniche utili a perseguire tale obiettivo possono essere tante e possono prendere nomi molto diversi e persino antagonisti, che variano storicamente da un'epoca all'altra e che sono stati inseriti nelle più varie teorie e nei più svariati testi e nelle più disparate concettualizzazioni e nei prontuari delle più differenti categorie di artigiani e di professionisti. Seguono però tutte alcuni principi comuni, che si possono ricondurre a poche tendenze principali, almeno in prima approssimazione.

Due variabili in particolare presentano una notevole efficacia esplicativa sulla natura della psicotecnica. Una prima variabile rilevante è (metaforicamente parlando) il livello di profondità mentale a cui ci si colloca.

In taluni casi, il conduttore può infatti mettere l'attore nelle condizioni di esprimere e di spiegare (o, se vogliamo: di esprimer*si* e di spiegar*si*) a un livello decisamente esplicito, utilizzando un linguaggio tendenzialmente logico e razionale, articolato in una forma convenzionalmente sensata e conforme alle regole grammaticali, con soggetti e verbi e complementi, più o meno come accade nel parlato comunicativo abituale della vita di tutti i giorni.

In altri casi, il conduttore può invece mettere il suo interlocutore nelle condizioni di esprimere e di spiegare (o, di nuovo: di esprimer*si* e di spiegar*si*) a un livello molto più implicito, utilizzando tutti i modi che gli vengono e senza alcuna pretesa di corrispondere alle convenzioni formali della lingua o della logica, utilizzando tutte le forme espressive, compresa quella corporea, quella sonora non verbale, ogni genere di quelle artistiche o di quelle appartenenti a qualsiasi tipo di arte performativa ecc anche in un modo del tutto nuovo e diverso da quello della vita di tutti giorni.

Una seconda variabile, psicotecnicamente rilevante, è il livello di inquadramento dell'azione in cui vengono espresse le indicazioni registiche per l'attore, che si può anche chiamare soggetto o persona o paziente o come ciascuno preferisce.

Il conduttore può infatti offrire all'attore una partitura con un basso livello di strutturazione, proponendo una linea d'azione molto vaga, al massimo nei termini di quello che in gergo si chiama "grosso ruolo".

Questa può consistere di poche e semplici indicazioni, che propongono uno spunto, ma senza fornire uno schema preciso di sviluppo. In questo caso, nella pratica, le indicazioni da parte del conduttore possono essere del tipo: "Dimmi un po' tutto quello che ti senti di dire!"; oppure; "Parla e fai proprio come ti viene, senza porti dei limiti logici o delle censure particolari!"; o qualcosa del genere.

Oppure il regista può invece offrire all'attore una partitura con un livello di strutturazione più definito. Per cui fornirà una specie di copione, con delle regole che possono comprendere anche dettagli abbastanza minuti. Oppure darà delle vere e proprie indicazioni, in forma diretta o indiretta, finalizzate a fornire all'attore un viatico chiaro nella direzione che, anche sulla base di un accordo con l'attore stesso, viene considerata opportuna.

Voglio dunque suggerire, ancorché solo come prima indicazione, alcuni dei filoni psicotecnici principali; posto che i generi e i modi e i metodi in cui si può dipanare l'arte della mente sono tanti e forse innumerevoli, inquadrati sulla base di tali due variabili principali appena indicate:

- Il livello di *profondità* - Nel senso del mantenere le proprie espressioni a livello verbale e nell'alveo del pensiero secondivo razionale, da una parte; o invece del lasciare esprimere in vario modo un pensiero più primitivo ed emotivo, dall'altra.

- Il livello di *strutturazione* - Nel senso dell'abbandonarsi ad un pensiero messo in atto all'improvviso, da una parte; o invece del procedere seguendo una partitura indicativa, ma relativamente rigida e predefinita, dall'altra.

Possiamo in tal modo ricondurre i generi della psicotecnica, sempre restando a livello di esemplificazione e con il solo scopo di costruire un quadro di riferimento da cui cominciare,

per svilupparlo poi in futuro, a quattro grandi famiglie principali:

- Colloquio (o dialogo).
- Simulazione (o gioco psicologico).
- Psicodramma (o teatro attuale).
- Ipnosi (o comunicazione suggestiva).

Volendo dunque proporre sinteticamente uno schema teorico che sintetizzi un piano concettuale per classificare i vari re-
pertori in cui eventualmente classificare l'arte della mente,
possiamo rappresentare schematicamente queste tecniche in
una sintesi che le cataloga in quattro quadranti, da leggersi
come un asse cartesiano anche se in questa sede vengono
esemplificati in una tavola.

Tale esemplificazione, presentata qui di seguito, può avere
qualche interesse per il fatto che ai diversi generi corrispondo-
no impostazioni di regia le quali, pure in un quadro comune,
variano un poco di volta in volta.

Generi dell'intervento psicotecnico.

	Strutturazione	
Profondità	COLLOQUIO bassa struttura livello esplicito	SIMULAZIONE alta struttura livello esplicito
	PSICODRAMMA bassa struttura livello implicito	IPNOSI alta struttura livello implicito

Tenendo bene presente anche il fatto che, trattandosi di
procedimenti artistici, i loro standard sono di natura stilistica,

personale e concreta molto più che teorica, scientifica o astratta.

In altre parole: i modi del performare psicotecnico risentono del carattere e della personalità di ciascun singolo autore o conduttore o regista, il quale fornisce alla loro concreta realizzazione la propria cifra originale. Così come risentono dei modi peculiari in cui di volta in volta reagisce quella particolare sostanza di cui sono fatti gli attori sui quali l'arte viene esercitata, e cioè il loro animo e le loro fantasie.

E' altresì verosimile ritenere che non esistano casi puri di metodi che rientrano esclusivamente in uno solo dei settori in cui la materia psicotecnica può essere inquadrata, anche se questa classificazione può aiutare a capirsi meglio tra studiosi e operatori.

In altre parole: ogni volta che si passa all'azione, le cose cambiano un poco e possono facilmente sconfinare, benché in misura limitata, da una prospettiva all'altra. Anche perché non si tratta di quattro quadranti concettuali separati, bensì di un ventaglio di possibilità che sfuma, senza soluzione di continuità, da ciascuna modalità a tutte le altre possibili.

Tant'è che storicamente tutti questi generi e tecniche, quasi a riprova ulteriore della loro natura artistica e performativa, sono spesso definiti da un nome (quello di un autore che cerca di firmarle) molto più che da una vera e propria teoria. Anche perché l'eventuale presenza di un riferimento teorico per una tecnica pratica, la quale è ben poco teorica di per se stessa, risulta essere spesso assai vago, in qualche caso relativamente ingenuo e dilettantesco; e in non pochi casi: pressoché assente.

In pratica: la gran parte dei metodi psicotecnici viene usata, più o meno, sin dagli albori dell'umanità, benché negli ultimi due secoli il loro impiego si sia fatto più sistematico e meglio definito.

E' accaduto così che, a partire dalla fine del Settecento, anche un gran numero di professionisti li abbia utilizzati e che qualche autore li abbia descritti, firmando le pubblicazioni in cui li citava. Ma non si tratta certo di scoperte originali, bensì di descrizioni un po' più sistematiche per delle pratiche che erano largamente diffuse presso tanti e tanti operatori da molto tempo prima che qualcuno ci scrivesse sopra qualcosa; magari riprendendo anche testi pubblicati già da molto tempo, o in altre lingue, e di cui poi si era persa la memoria.

Decidere quindi che la firma sulla descrizione di un vecchio metodo permetta di attribuire all'autore della descrizione una qualche paternità sulla materia, almeno dalla seconda metà dell'Ottocento in poi, è una scelta poco credibile. A questi stratagemmi per mettere cappello sul lavoro di tutti, possono anche credere i più ingenui, che magari sono alla ricerca di miti culturali e che ancora non conoscono la materia. Ma prenderli troppo sul serio significa solo essere piuttosto impreparati, almeno in tema di storia della psicologia e di antropologia, oltre che ben poco avvezzi ai modi sistematici e agli accurati riferimenti bibliografici della ricerca scientifica.

Naturalmente: ogni autore che firma la sua citazione ulteriore di un classico metodo psicotecnico, nell'Ottocento come nel Novecento, può aggiungere alla descrizione degli eventi che quel vecchio metodo produce anche una sua nuova e magari interessante lettura alla luce della propria teoria (se la teoria è nuova). Detta teoria rimane però piuttosto indipendente rispetto al metodo in se stesso; benché questo tipo di racconto critico, che cerca di sposare a tutti i costi la pratica di sempre con le proprie definizioni, possa comunque riuscire interessante sul piano intellettuale del racconto.

Sarà infine pleonastico notare che la psicotecnica (in generale) tende anche a proporsi come molto vicina e favorevole all'approccio eclettico, sincretico, multimodale, integrativo, ampio, creativo, sperimentalistico o qualcosa del genere. Insomma: psicotecnica non è altro che il repertorio degli strumenti che sono utili e anzi necessari per l'artigiano che vuole lavorare con le persone. O, detto altrimenti: psicotecnica è un insieme di ingredienti e di lavorazioni (o il fuoco con cui attivarli) per l'alchimia della psiche.

13. Immagini Associazioni

Ma lasciamo da parte la descrizione dettagliata delle varie forme di psicotecnica, che certo meritano di essere spiegate con dovizia di particolari, ma che per questo richiedono uno spazio troppo grande per essere sviluppato qui. Anche considerando che l'arte della mente si impara soprattutto mentre la si fa. Per cui un'analisi teorica dei suoi modi di svolgersi può risultare interessante, ma più che altro quando già si possiede una solida esperienza diretta e personale cui puntualmente riferirla.

Merita invece rievocare alcuni principi generali della disciplina, per meglio capire il dipanarsi concreto dell'intervento. Ne ricordo dunque qualcuno, senza la pretesa di approfondire la loro complessa dimensione teorica, ma facendo riferimento anche a qualche citazione da autori classici.[12] E ripeto: non intendo nemmeno lontanamente produrre una specie di dispensa sintetica di psicotecnica generale, ma voglio solo accennare ad alcuni aspetti psicologici centrali per l'arte della mente.

Il fondamento della nostra intelligenza e della nostra psicologia in genere, cioè della nostra capacità di rappresentarci cognitivamente il mondo e di costruirci la nostra identità personale, è la *fantasia*. Il termine fantasia, rimasto pressoché inalterato dall'antica Grecia fino a tutto l'occidente moderno, indica la facoltà della mente di creare immagini. Dove le immagini sono gli elementi primi della organizzazione mentale, i mattoni che costruiscono l'edificio del nostro rapporto con l'ambiente e della nostra identità. Senza la funzione della fantasia, la mente non elabora i propri contenuti.

Qualche autore, per definire la nostra capacità fantastica, preferisce usare la parola *cognizione*; talvolta facendo come se questo termine greco-latino [COGNITIO, COGNITIONIS,

---

[12] Per l'approfondimento di queste affermazioni e per un loro inquadramento rispetto al pensiero degli autori: rimando agli altri miei lavori già citati qualche pagina fa, da cui qualcuna è stata in parte ripresa.

GHIGNOMAI] fosse di origine anglosassone, per cui preferisce chiamare la fantasia *cognition*. Quest'ultimo termine possiede in effetti una sua eleganza,[13] ma si tratta sempre della stessa identica *idea* [dal greco EIDOLON: *idolo, fantasma, idea*] soggettivamente costruita nella mente, cui (attraverso un processo di americanizzazione) ci si propone di attribuire una particolare connotazione di moderna e produttiva materialità oggettivista.

L'immagine o PHANTASMA [*rappresentazione della fantasia*] viene chiamata anche, con termini che le sono sinonimi: idea, ombra, idolo, pensiero, concetto, impressione, sensazione, apparenza, opinione, icona, simulacro e così via. L'immagine è la rappresentazione (nel senso dell'atto di ripresentare) della realtà del mondo esterno in una forma che a tale mondo in parte si ispira ma che è sempre inesorabilmente il prodotto appunto della nostra capacità immaginativa. Per cui l'immagine, quasi per definizione, si distanzia notevolmente dal mondo e dalla sua eventuale natura oggettiva.

Tale capacità di vedere con la mente è spesso stata equiparata, nella letteratura psicologica, ad una forma di percezione attiva che avviene dall'interno, la quale si sviluppa in contemporanea con la percezione passiva che interviene dall'esterno, cioè con quella particolare forma di monitoraggio ambientale attraverso cui ci costruiamo-rappresentiamo costantemente il mondo personale in cui viviamo e in cui ci muoviamo.

"La funzione immaginativa nell'anima fa le veci degli occhi nel corpo. [...] E ci sono tre funzioni dell'anima rispetto alle immagini: A) ricevere; B) trattenere; C) elaborare; dove la 'fantasia' coincide con la terza funzione, interna,

---

[13] Nel lontano 1992 ho fondato personalmente, con Dario Romano, Roberto Masini, Bruno Bara, Piero Amerio e alcuni colleghi di altre Facoltà della Università degli Studi e del Politecnico, il Centro di scienza cognitiva dell'Università di Torino. Posso dunque sempre vantare [in caso di necessità] il pedigree di un vero Scienziato Cognitivo a tutto tondo. Per cui non voglio certo rinnegare questa espressione, tanto amata dalle agenzie per il finanziamento della ricerca scientifica contemporanea. Ma preferisco ugualmente usare lo splendido termine PHANTASIA per trattare scientificamente del pensiero umano e della psicotecnica.

quella appunto che sviluppa le immagini." [Vives, 1538, edizione moderna 1170]

"L'immaginazione, in quanto produce immagini anche senza volerlo, si chiama fantasia [...] L'immaginazione è (in altre parole) o poetica (produttiva) o semplicemente riproduttiva" [Kant, 1798; edizione italiana, 58].

"Le sensazioni si distinguono [...] in sensazioni propriamente dette e immagini, o meglio in sensazioni prodotte e sensazioni riprodotte" [Brofferio, 1884, 42].

La nostra mente pensante è fatta soprattutto del continuo scorrere di tutte queste rappresentazioni o idee o immagini o fantasmi, come avviene in un sogno da svegli che affianca la nostra percezione relativa al mondo degli oggetti, con cui spesso sfuma e si confonde. Ed è questo che ci ricordano da sempre innumerevoli autori:

"Una meravigliosa facoltà umana, questa creazione poetica di favole e di sogni, involontaria e tuttavia coerente di per sé! Un regno a noi sconosciuto e che tuttavia nasce da noi, in cui per anni, spesso per tutta la nostra vita, continuiamo a vivere, a sognare, a vagare. E proprio qui siamo i nostri giudici più severi. Il mondo dei sogni ci dà i più seri suggerimenti in merito a noi stessi. Così ogni favola ha il potere magico, ma anche morale, del sogno" [Herder, 1774; cfr: Whyte, 1960, 99].

Considerando che: "Siamo fatti anche noi della materia di cui son fatti i sogni" [Prospero: La tempesta].

Le immagini della nostra mente sono legate tra loro. Ogni idea è associata ad altre idee. E ciascuna di queste immagini è associata ad altre immagini ancora. E così via, producendo una mappa o una rete di associazioni senza fine.

E si tratta di una concezione della mente, che tende a collocare la memoria nella sfera sensoriale ed emotiva piuttosto che in quella intellettuale (come invece cercano di fare i razionalisti moderni), che caratterizza il nostro pensiero occidentale almeno da quando esiste la capacità umana di riflettere su se stessi.

Il dato è bene evidenziato, tra gli altri, dall'esempio di Aristotele, che si riferisce soprattutto alla reminiscenza consapevole (capacità di ricordare attivamente, che lui ritiene appartenga solo agli esseri umani) molto più che alla memoria passiva (semplice facoltà di mantenere tracce di esperienze precedenti, che invece caratterizzerebbe anche altri animali oltre a noi). Per cui, tra l'altro, si riferisce alla memoria con un sostantivo [MNEME] e alla reminiscenza con un verbo [MNEMONEUEIN].

"Quando abbiamo reminiscenza, ci muoviamo secondo uno dei movimenti antecedenti finché arriviamo a quello cui tiene dietro quello che cerchiamo. Perciò col pensiero andiamo a caccia della serie successiva dei movimenti cominciando da un'intuizione presente o da un'altra o da una simile o contraria o vicina" [Aristotele, 322 aC, 415b 10-21].

Tali associazioni di immagini,[14] nella maggior parte dei casi, non sono presenti originariamente nel soggetto (diciamo: dalla nascita) ma si determinano nell'arco della sua lunga esperienza personale. Possono costituirsi secondo vari criteri. Che sono poi, sul piano della spontaneità naturale e della fantasia, criteri simili a quelli che le mnemotecniche cercano di imitare per cercare di controllare coscientemente la memoria (come meglio vedremo tra poco).

Aristotele cita le leggi di: Somiglianza, Contrasto, Contiguità nel tempo e/o nello spazio. Hume [1739-1740], dal canto suo, parla di: Somiglianza; Contiguità spaziale o temporale; Rapporto di causa-effetto. E merita notare bene che, in entrambi gli autori, non si tratta di legami logici consequenziali, che pure si determinano talvolta nel nostro pensiero, bensì appunto di associazioni pure e semplici, esenti da qualsiasi razionalizzazione, almeno nel momento in cui spontaneamente si costituiscono.

I collegamenti che noi sviluppiamo tra le idee, una volta radicati, tendono a mantenersi in forma relativamente stabile nella memoria. L'insieme di queste connessioni produce spon-

---

[14] Sembra che il riferimento esplicito all'associazione delle idee [association of ideas] sia stato introdotto da John Locke [1689]; che infatti viene giustamente annoverato tra i padri fondatori della nuova psicologia contemporanea.

taneamente delle mappe mentali associative, che possono essere metaforicamente assimilate ad una carta geografica (o forse anche ad un navigatore satellitare) sulle cui linee si muove più o meno consapevolmente il nostro pensiero e cui si ispira il conseguente nostro comportamento.

Quando un'immagine acquista di visibilità sullo sfondo del nostro pensiero che scorre, tendono a venire attivati anche tutti gli altri fantasmi che le si collegano, i quali a propria volta attivano altre idee ancora e poi altre rappresentazioni cognitive e così via. Un costrutto ne attiva un altro e questo un altro ancora, producendo un'onda che si riverbera in lungo e in largo per tutta la mente.

"Da un lato, l'immagine che costituisce un ricordo sembra proiettata all'indietro e regredisce al di là delle sensazioni o immagini rimuoventi [*répressives*], il che le separa da loro; e, dall'altra parte, la stessa immagine, situandosi con precisione, sembra saldarsi con la sua estremità posteriore all'estremità anteriore delle immagini o sensa-zioni repressive, il che le unisce a loro; di modo che i nostri accadimenti ci appaiono come una linea continua di elementi contigui. Noi passiamo senza difficoltà da un anello all'altro [...] pertanto, quando l'immagine di uno dei nostri momenti anteriori resuscita in noi, l'immagine del precedente e quella del successivo tendono a resuscitare per associazione e contraccolpo. Non solamente noi andiamo con questo mezzo da uno dei nostri momenti al momento adiacente, ma, per mezzo di abbreviazioni che mettono insieme entro una immagine una lunga serie di momenti, noi andiamo da un periodo della nostra vita a un altro periodo della nostra vita" [Taine 1870, II.212]. "Ogni sensazione tendendo a rinascere nella sua immagine [...] la rinascita parziale porta alla rinascita totale" [*ivi*, I.139-141].

Il gestore di questo effervescente processo associativo, che costituisce solidamente anche la nostra identità personale, è la fantasia, o capacità di organizzare o di sviluppare o di elaborare cognitivamente i segnali che arrivano dalla percezione e gli elementi che vivono nella memoria. Tale capacità elaborativa è continua, poiché le idee non stanno separate l'una dall'altra, bensì sfumano da un fantasma ad un altro fantasma.

"La transizione dal pensiero di un oggetto a quello di un altro oggetto, non è una interruzione nel pensiero, più di quello che non sia una interruzione nel legno il nodo che vediamo in una canna di bambù. Quella transizione fa parte della coscienza, come la giuntura è una parte del bambù." [James, 1890, 187].

Va ricordato altresì che le idee sono vive, nel senso che non si limitano ad essere sedimenti abbandonati sul fondo della mente, i quali debbono venire raccolti e rigenerati dalla fantasia per poter emergere, bensì vivono come forme organiche attivamente dotate di una propria energia. Stante che la base di tale dinamismo intellettuale è l'emozione, o affetto, o sentimento.

Per cui, dato che la nostra realtà mentale è fatta principalmente di associazioni spontanee di immagini, che vivono e si compongono nella memoria soprattutto in virtù delle loro valenze emotive: un buon modo per lavorare con tale nostra realtà psicologica è appunto quello di appoggiarci su tale struttura affettiva.

Gli strumenti tipici della psicotecnica, almeno dalla fine del Settecento ad oggi, sono dunque sempre stati: il riscaldamento psicologico, in senso emotivo, della persona; l'esprimersi del sentimento; le associazioni liberamente espresse; il lavoro di sviluppo degli affetti; l'elaborazione creativa di associazioni emotivamente rinnovate.

14. Memoria Emotiva

Il prodotto stabilizzato della fantasia è la memoria, che rappresenta per molti aspetti il crocevia di tutta la questione. Quando l'elaborazione del nostro pensiero si sedimenta, i suoi prodotti, cioè i nostri fantasmi (tutto ciò che la fantasia ha prodotto), permangono a lungo nella nostra mente, vivendo a loro modo di vita propria. Dove capita che l'idea secondo cui la memoria è la nostra prima e fondamentale fonte di conoscenza, oltre che di identità, risalga almeno agli albori del pensiero critico:

> "E quindi siamo anche d'accordo su questo punto: che il sapere, cioè, quando si acquista attraverso un particolare procedimento, è reminiscenza? E ti dico subito il punto: se uno ha visto una cosa o ne ha sentito parlare o ne ha provato una sensazione qualunque, non conosce solo questa data cosa, ma se ne richiama alla mente un'altra, del tutto diversa, che non ha nulla a che fare con la prima. Non dobbiamo, allora, affermare che egli si è ricordato di questa cosa che s'è venuta in lui ridestando? [...] Infatti, si è dimostrato, che, percependo noi una data cosa con la vista o l'udito o con qualche altro organo di senso, ci si presenta alla mente un'altra cosa, che avevamo dimenticato, ma che ha una relazione con la prima, che può assomigliarle o meno. Da qui, una delle due: o siamo nati con la conoscenza, ripeto, delle realtà in sé e continuiamo ad averla per tutta la vita, oppure, quelli che noi diciamo che imparano dopo, non fanno altro che ricordarsi e, in tal caso, la sapienza non è che reminiscenza." [Platone, 398 aC, XVIII e XX]

Stante il fatto che il motore psicologico principale della nostra capacità di elaborare cognitivamente, e quindi anche della nostra persona affettiva, può essere identificato appunto nella emozione. La dimensione affettiva della mente è infatti quella che mantiene vivo il pensiero, che gli permette di continuare ad esistere.

L'emozione è un fenomeno sia fisiologico che psicologico, il quale coincide con la capacità della vita di esserci. L'emozione, che viene definita anche come affetto o sentimento o feeling o impressione o pathos e così via, corrisponde letteralmente a ciò da cui veniamo mossi [latino: E-MOVERE]. L'emozione è una grande metafora dell'energia psicologica, cioè delle potenzialità mentali. Da questo punto di vista, l'emozione è la componente dinamica della psiche. L'emozione è il fattore da cui la psiche viene mossa, mentre al contempo coincide con la dimensione psicologica di tale movimento.

La ragione, il calcolo razionale della mente, rappresenta un risultato dell'azione mentale che è secondario e derivato rispetto al sentimento. L'emozione è infatti più arcaica del pensiero ragionevole e tende a permanere nella mente anche quando il livello razionale viene meno.

Lo studio delle emozioni è la *patologia* [dal greco PATHOS: *emozione, sentimento*]. Il concetto di patologia, ovviamente, non ha nulla a che fare con il male o con la malattia o con la medicina, ma si riferisce alla dimensione emotiva della vita.

Patologia è il nostro modo di vivere emotivamente il mondo. Il comportamento patologico è il comportamento, in generale, quando viene visto anche nella sua dimensione emotiva invece che essere semplicemente ridotto alle sue componenti razionali, che ne rappresentano solo una minima parte. Il concetto è espresso efficacemente da alcuni autori classici:

"Qualsiasi idea, concezione, rappresentazione ha una doppia faccia. Da un lato, è una conoscenza; dall'altro, è un'emozione" [Taine 1870, II.209].
"L'emozione è, nell'ordine affettivo, l'equivalente della percezione nell'ordine intellettuale" [Ribot, 1896, 12].

Di particolare interesse, dal punto di vista della psicotecnica, è la memoria emotiva. Con questa espressione, il cui significato è stato ampiamente sviluppato da molti tra gli autori più classici della nuova psicologia scientifica tra cui in particolare da Ribot [1881, 1884, 1896] e da James [1890], si intendono due costrutti diversi.

Da una parte, c'è il fatto che i contenuti di memoria sopravvivono, invece che decadere, proprio in virtù di tale loro componente affettiva. Il ricordo permane quando è carico emotivamente; mentre il ricordo scompare quando manca di connotazioni affettive. Detto altrimenti: non esistono ricordi puramente razionali.

Dall'altra parte, c'è il fatto che la memoria affettiva è in grado di riprodurre attualmente (qui e ora) lo stato affettivo anteriore, connesso al ricordo, con tutte le sue caratteristiche o quanto meno con una loro grande parte. Lo stato emotivo rivive, più o meno nei termini in cui si era manifestato in origine, per cui viene sperimentato nuovamente dal soggetto in una forma simile a quella originale.

Anche perché la memoria emotiva è in parte una memoria fisica, nel senso che mantiene viva una traccia, magari poco precisa ma di solito molto pervasiva, degli eventi; la quale traccia si struttura anche nei termini della tensione muscolare, della risposta riflessa, della propriocezione ecc. Per cui si può dire, della memoria emotiva, qualcosa di simile a ciò che si dice del corpo: che spesso trattiene anche quelle impressioni che la mente tende a dimenticare.

Il concetto della memoria emotiva percorre il pensiero occidentale più o meno dalle sue origini. Carruthers e Ziolkowski, [2002] offrono un'autorevole sintesi del quadro storico di riferimento, che ci aiuta a capire, una volta di più, quanto la nuova psicologia moderna sia molto spesso solo la riedizione un po' ripulita di una specie di filosofia perenne:

"Le memorie sono di per se stesse *affetti* nell'anima e nella mente. Nella filosofia antica, che tipicamente classifica la memoria assieme alle emozioni e ritiene che ogni memoria implichi una qualche forma di emozione; ciascuna memoria è anche in larga parte un fenomeno fisiologico e corporeo. Questo significa pure che non esiste qualcosa come una memoria emozionalmente distaccata. Nei termini in cui ragionavano i filosofi della prima scolastica, Aristotele era convinto anche che *ogni memoria è composta di due aspetti*: una «rassomiglianza» o «immagine», che è per sua natura visuale (SIMULACRUM) e un colore o risonanza emozionale (INTENTIO) che serve ad «agganciare» una particolare memoria ad una (o forse più) tra le reti di esperienza già esistenti nella persona. *La memoria lavora per associazione*. Le sue connessioni sono quindi individuali e particolari, non universali – benché certo possano venire apprese. La logica della memoria è essenzialmente «arbitraria», nel senso latino del termine – cioè dipendente dalle esperienze individuali (compreso tutto ciò che la persona ha imparato), dai desideri, e soprattutto dalla volontà: la reminiscenza, come tutto il pensiero creativo, è quindi per una gran parte diretta dalla volontà e dal desiderio. Come hanno osservato sia Alberto Magno sia Tommaso d'Aquino, nei loro commentari al trattato sulla memoria di Aristotele, le associazioni della memoria procedono secondo abitudine, non secondo necessità." [Carruthers e Ziolkowski, 2002: General introduction, 8]

Non è questa la sede per sviscerare compiutamente il grande tema psicologico della memoria e nemmeno per analizzare il caso più particolare della sua dimensione affettiva nel contesto della ricerca sperimentale in psicologia. Merita però ricordare che il costrutto della memoria emotiva continua a mantenere tutta la sua rilevanza anche nella psicologia generale contemporanea, oltre che nella psicotecnica e nella psicologia applicata in genere. Lo studio della memoria emotiva appare anzi in continuo sviluppo, anche alla luce della più recente ricerca di laboratorio nel campo delle neuroscienze.[15]

Mentre ricordo che i fantasmi, una volta che si sono insediati nella nostra memoria e quando si trovano nella condizione di sopravvivere, continuano ad esistere anche quando non si manifestano esplicitamente alla nostra coscienza sotto forma di immagini chiare ed esplicite.

La memoria è quindi un processo molto più ampio e più complesso di quello che a noi pare di capire, almeno quando ci limitiamo a confondere la memoria con "Quello che ricordo". Realtà soggettiva, quest'ultima, che in effetti rappresenta solo una componente abbastanza marginale dei nostri modi di vivere in virtù della fantasia.

---

[15] La letteratura in materia è davvero molto ampia. Mi limito quindi solo a rimandare chi fosse interessato a qualche testo significativo tra gli altri [ad esempio: Christianson, 1992; Singer e Salovey, 1993; Ono et Al, 1996; McGaugh, 2003; Reisberg e Hertel, 2004; Uttl, Ohta e Siegenthaler, 2006; Quas e Fivush, 2009].

"Le immagini non possono soltanto prodursi: possono ri-
prodursi; ossia le sensazioni possono continuare, non solo,
ma ritornare nella coscienza dopo che sono sparite. Nell'intervallo, appunto perché sono sparite dalla coscienza, esse
non sono oggetto di osservazione diretta; anche questa è
una tautologia. Noi crediamo che siansi conservate, ma lo
crediamo per ragionamento; se torniamo ad avere le copie,
senza gli originali, anzi anche quando gli originali hanno
cessato interamente di esistere, è segno che le copie non
hanno cessato di esistere; se ritornano, vuol dire che si sono
nascoste, che furono smarrite, ma non perdute; che si sono
trasformate, ma non annullate [...] ciò non vuol dire che si
siano mantenute come immagini reali e presenti: vuol dir
solo che nell'intervallo sono state immagini possibili a certe
condizioni; ossia che se si fossero presentate le condizioni
della loro riproduzione, esse si sarebbero riprodotte."
[Brofferio, 1884, 48-49]

15. Outsight Insight

Ci sono due fonti costanti che alimentano incessantemente la nostra coscienza, in ogni momento della nostra vita. Queste sono: gli stimoli che arrivano dalla percezione, per un verso; gli stimoli che arrivano dalla fantasia, per un altro verso. La fonte esterna dei nostri dati di coscienza è detta *percezione*, ma viene anche chiamata sinteticamente (benché con riferimento a tutti i canali percettivi e non solo a quello della vista) *visione esterna* (*out-sight*). Alla percezione esterna si attinge mediante le terminazioni sensoriali ed i loro relativi apparati fisiologici.

La fonte interna dei nostri dati di coscienza è detta *memoria*, ma viene anche chiamata sinteticamente (per simmetria rispetto all'out-sight) *visione interna* (*in-sight*). Alla memoria si attinge mediante il pensiero e la fantasia. Posto che, con il concetto metaforico di *visione*, ci si riferisce anche qui a qualsiasi modo pensabile di immaginare soggettivamente le caratteristiche delle cose e non solo a quello della immagine visiva.

Ricordo che anche la sensibilità (fisiologica) riferita al nostro mondo (fisico) interno va considerata parte della percezione esterna, come è il caso ad esempio della nostra percezione viscerale o di quella relativa allo stato dei muscoli. La percezione del livello di tensione del tuo bicipite sinistro al momento dato (ad esempio: mentre stai leggendo questo libro) non è infatti una rappresentazione mentale (in-sight) di quel muscolo, bensì la percezione (out-sight) della sua condizione attuale.

Queste due fonti gemelle della coscienza sono sempre attive. Non esistono momenti della nostra vita in cui agisce solo la percezione o in cui agisce solo la memoria. I due sistemi si rimandano e si integrano costantemente. Allo stato di veglia attiva, domina nettamente la percezione esterna o outsight. Allo stato di sonno sognante, domina nettamente la percezione interna o insight.

Noi filtriamo continuamente la percezione attraverso la fantasia, utilizzando i codici che coltiviamo nella memoria.

Basti pensare a quell'insieme di vociferazioni, che mi suonanc evidenti nel loro significato oggettivo se vengono emesse nella mia lingua (di cui possiedo il codice), mentre mi appaionc come rumori inarticolati o casuali se vengono prodotte nel linguaggio di un animale oppure in una lingua umana che mi è del tutto ignota (e per la quale lingua non possiedo codice alcuno).

Detti codici di lettura possono essere a volte molto personali. Basti pensare all'effetto profondo (anche mnestico) prodotto in me da degli odori che mi richiamano alla mente significativi contesti olfattivi del passato, accompagnati da tante altre indefinite sensazioni; ma che ad altri non fanno né caldo né freddo. Lo stesso vale, ad esempio, per quello che in letteratura si chiama *effetto party*, a motivo del quale percepisco subito il mio nome che viene articolato da qualcuno abbastanza in là da me; oppure la mamma sente immediatamente il vagito del pupo nell'altra stanza, mentre nessun'altro dei presenti si accorge di nulla, in mezzo a tutto quel frastuono.

Allo stesso tempo, noi filtriamo continuamente la fantasia attraverso la percezione. Pure nel sonno più profondo, il sistema percettivo è sempre in funzione. Non possiamo chiudere le terminazioni uditive nelle orecchie (anche se ci mettiamo dei tappi), mentre la luce passa solitamente anche attraverso le palpebre. Anche nella più profonda anestesia chirurgica, la persona anestetizzata riceve regolarmente gli stimoli che raggiungono almeno alcune delle sue terminazioni sensoriali (per cui, indipendentemente dal fatto di registrarle in forma esplicita, spesso raccoglie le voci dei chirurghi). E così via.

Va notato altresì che la nostra percezione cosciente è piuttosto limitata, rispetto alla massa delle informazioni effettivamente disponibili, mentre si riferisce sempre e solo al momento presente. In un istante dato, nel nostro sistema percettivo arrivano infatti contemporaneamente molte più informazioni di quelle che ci pare di percepire.

A loro volta, tutti questi stimoli compresenti sono una quantità ben limitata di segnali, almeno se li confrontiamo con il grande numero delle fantasie che occupano la nostra testa. Basti pensare alle sconfinate dimensioni di ciò che compone la nostra memoria, e cioè: tutta la memoria di tutto quello che abbiamo in memoria, sulla scorta della nostra lunga esperienza passata e di tutto quello che abbiamo studiato o di cui abbiamo avuto esperienza, in tutti gli strati della memoria stessa, costantemente scanditi e sempre più complicati dall'incessante dinamica della loro evoluzione interiore.

Si pensi anche alla nostra capacità di comprendere perfettamente, all'istante e senza commettere errori, il significato di un brevissimo suono (quale è, ad esempio, una parola detta ad alta voce) senza confonderlo con le decine di migliaia di altre parole possibili che sono presenti nella nostra lingua né con le decine e decine di migliaia di altre parole possibili di altre lingue che conosciamo.

E questo anche quando ascoltiamo per ore ed ore senza interruzione e senza errori, come ad esempio quando leggiamo, ma in questo caso con riferimento a dei piccoli segni neri, tutti appartenenti alla piccolissima serie dei simboli alfabetici, pure fisicamente così simili tra loro. E si pensi alla straordinaria capacità di riconoscere un viso o un oggetto già visto, o una musica in base a poche note; e stiamo parlando di un repertorio fatto di migliaia e migliaia e migliaia di facce e di innumerevoli musiche e di tanti e tanti altri ricordi pressoché infiniti.

C'è peraltro una importante differenza temporale significativa nelle due fonti della nostra coscienza. La percezione interviene infatti sempre nell'istante presente, per cui l'outsight si riferisce a stimoli che debbono esistere materialmente nel sistema sensibile al momento dato. Cosicché l'outsight è sempre e solo relativo alla immediatezza di questo preciso istante.

Mentre, nel caso della memoria, benché sia necessario che gli elementi di riferimento siano vivi nella mente al momento dato, questi si riferiscono però a qualcosa che è dislocato nel tempo (diciamo: al passato). Per cui l'insight dipende da una fantasia che elabora in qualche modo sempre a posteriori.

Per dirla in una forma un po' esasperata, ma seguendo una metafora moderna: sostanzialmente, la percezione è sempre *online*, mentre la fantasia è sempre *offline*.

L'insight coincide con quello che alcuni hanno chiamato, come già abbiamo ricordato: occhio dell'anima. Nella condizione di veglia attiva, l'insight resta generalmente mascherato e come sopraffatto dalle incalzanti percezioni esterne cui il nostro sistema cognitivo tende sempre ad attribuire la massima attenzione, probabilmente anche a motivo di arcane ragioni biologiche di sopravvivenza.

"La mente si mette spesso al lavoro in cerca di qualche idea nascosta, e rivolge ad essa l'occhio dell'anima: perché a volte queste idee sorgono all'improvviso nella nostra mente di loro spontanea volontà ... o spesso sono risveglia-te e fatte uscire dalle loro celle oscure verso la luce da una passione turbolenta e tempestosa." [Locke, 1689, 2.10.7]
"Tutte le sensazioni che abbiamo provato nel corso della vita hanno lasciato delle tracce nel nostro cervello. Queste tracce sono leggere e non le percepiamo perché le sensa-zioni presenti ce lo impediscono." [Deleuze, 1810, 191]

Ma: se la percezione determina insistentemente il nostro legame diretto con il mondo esterno, la fantasia domina invece e di gran lunga la nostra coscienza. In ogni momento: noi stiamo soprattutto pensando, a livello più o meno cosciente (soprattutto: *meno* cosciente), mentre stiamo assai poco perce-pendo.

Basta che tu faccia mente locale a quello che stai rifletten-do ora, dove la focalizzazione della tua percezione è data più che altro da noi, piccoli e ripetitivi segni neri sopra un fondo chiaro che tu segui con l'occhio, mentre le tue rappresentazio-ni cognitive scorrono in lungo e in largo per la tua mente. E quindi la tua fantasia sta viaggiando, quanto meno: per l'intero universo della tua lingua, della tua cultura, della tua esperien-za passata in materia, delle tue innumerevoli e inarrestabili as-sociazioni stimolate da quello che stai leggendo o che queste parole ti fanno venire in mente, esplicitamente quanto implici-tamente, così come dagli infiniti pensieri che ad esse si colle-gano. Pensaci bene un attimo. Lascia andare la mente. E osserva di nuovo che cosa ti passa per il capo.

Poi: chiediti se tutto questo possa derivare oggettivamente da noi, che continuiamo ad essere nient'altro che dei piccoli segni più o meno arbitrari e più o meno neri su questa pagina più o meno bianca che hai tra le mani; o se invece non dipenda quasi esclusivamente dall'universo degli impalpabili quanto essenziali fantasmi di cui la tua persona è ormai composta.

16. Esplicito Implicito

La nascita della psicologia come disciplina autonoma nell'ambito della cultura occidentale, a partire soprattutto dal Settecento, si fonda in larga parte sulla convinzione secondo cui è necessario operare una distinzione, all'interno della coscienza, tra una nostra dimensione più chiaramente consapevole ed una nostra dimensione meno chiaramente consapevole.

Detto altrimenti: seguendo un crescendo che si sviluppa anche per tutto il diciannovesimo secolo, si parla sempre più frequentemente di un aspetto cosciente e di un aspetto incosciente del pensiero. Si ritiene cioè evidente che noi abbiamo consapevolezza solo di una piccola parte dei nostri fantasmi e che, nel contempo, il nostro comportamento si muove, in parte rilevante, avendo come punto di riferimento delle immagini di cui non abbiamo che una vaga sensazione.

In sostanza, si proclama l'idea di una doppia natura della mente, di cui una parte sarebbe sostanzialmente razionale e conscia o superficiale, mentre un'altra parte sarebbe sostanzialmente intuitiva o inconscia o non-superficiale.

Già dalla fine del Settecento, almeno a partire da Mesmer e da Puységur in poi, appare chiaro che tale distinzione è molto relativa e mutevole, nel senso che una parte importante dei contenuti della nostra coscienza può cambiare di condizione con relativa facilità. Molti fantasmi nascosti possono emergere dalla loro oscurità, almeno in particolari circostanze. Analogamente, immagini una volta piuttosto chiare possono sembrarci dimenticate, cioè non rievocabili nella loro specifica forma ragionevole, mentre in effetti restano ben vive e attive, almeno in una qualche parte mal percepibile della nostra mente.

Per tutto l'Ottocento si parla soprattutto di mente cosciente e di mente incosciente, benché con una certa insoddisfazione. E' infatti piuttosto ovvio che l'idea di poter conoscere l'incosciente e di fare interagire i due livelli (superficiale e profondo) della coscienza, come spesso avviene a seguito degli opportuni accorgimenti che un abile psicotecnico può impiegare, è una specie di contraddizione in termini.

Mentre l'affermazione, che alcuni fanno, di saper leggere tale pensiero inconscio come i fondi del caffè, in virtù di una conoscenza iniziatica che dichiarano di possedere segretamente, ottiene un buon successo nel pubblico più ingenuo e desideroso di letture magiche del pensiero, ma certo non riesce a entrare nel catalogo della psicologia scientifica, con tutte le sue belle speranze illuministe di conoscenza razionale obiettiva.

Una delle caratteristiche principali di tale pensiero profondo, la cui presenza è tanto evidente quanto ne sembrano poco chiari i contorni, è quella di rappresentare una materia molto più ampia di ciò che il pensiero cosciente crede di contenere.

"La nostra conoscenza non solo è più ristretta della realtà delle cose, ma anche dell'estensione delle nostre idee" [Locke, 1689, 623].

In seguito, con l'avanzare del Novecento e con lo sviluppo delle scienze cognitive, si preferisce parlare, piuttosto che di cosciente e di incosciente, di una dimensione mentale esplicita e di una dimensione mentale implicita.

Dove la mente esplicita è quella che si riesce a s-piegare o s-volgere in ogni sua parte, in modo piano e completo, ovvero generalmente si riesce anche ad esprimere in parole. Mentre la mente implicita è quella che resta ri-piegata su se stessa e pare deducibile solo induttivamente, anche perché di solito fatica ad esprimersi in modo chiaro e ancora di più a dichiararsi in parole, per cui spesso e volentieri rimane tacita e sottintesa, benché magari agisca sotto forma di gesti e di metafore.

Capita però, talvolta per un effetto spontaneo e talvolta in virtù dell'effetto catalizzatore prodotto da varie circostanze o da persone esperte nel suscitare reazioni del genere, che l'esplicito si trasformi in implicito o che l'implicito si faccia ben consapevole. Tuttavia, quasi nessuno (a parte qualche aspirante fondatore di sette) propone più l'idea di una specie di regione perduta, o di demone inconscio che si impossessa della persona mangiandosene la coscienza in una eterna lotta con altri diavoli mentali di varia estrazione. Benché, nella prospettiva del gioco di ruolo, suoni interessante l'idea di un costante confronto tra Implicito ed Esplicito.

Oggi si pensa piuttosto ad una coscienza sola, o meglio ad una sola grande mente o ad una grande ed unica fantasia, la quale nei vari momenti, o con riferimento di volta in volta a sue diverse parti, si dipana in modo differente anche a seconda delle circostanze, degli stati d'animo, delle occasioni di interazione con il mondo così come con gli altri. Una coscienza che può sembrare meno netta e razionale, ma che certo è più vicina alla nostra esperienza reale.

Pur trattandosi sempre del medesimo pensiero e della medesima persona principale, appare anche evidente che il modo implicito di svilupparsi della nostra fantasia è relativamente diverso dal suo modo esplicito. Non si tratta però di due chiavi di lettura contrapposte e incommensurabili, bensì di variazioni sul tema che di volta in volta si trovano a prevalere, a seconda del codice che applicano, alternandosi in continuazione.

Il pensiero implicito è immediato, emotivo, precausale; in una parola: primitivo. Il pensiero esplicito è distaccato rispetto al flusso della realtà, matematico, razionale, freddo; in una parola: seconditivo. Per l'Implicito conta soprattutto la consonanza o meno con la propria verità interiore. Per l'Esplicito conta soprattutto la coerenza logica con quanto vi è di misurabile nelle cose.

La pregiudiziale materialista e oggettivista, per cui non esistono anime e soggetti ma solo oggetti e meccanismi, ha indotto alcuni scienziati professionisti a parlare della ragionevolezza esplicita come se fosse la nostra unica coscienza. Secondo questa prospettiva: bisogna agire come se la coscienza coincidesse con la scienza ragionevole, la quale si sostituirebbe progressivamente al nostro rapporto immediato col mondo, per cui si preferisce chiamare non-coscienza o inconscio la nostra coscienza implicita. La parte più marginale del nostro sentire, cioè quella razionale, sarebbe dunque l'elemento chiave anche del nostro pensiero prevalente, che è quello implicito.

Tale interposizione della lente scientista-razionalista tra noi e la nostra realtà psicologica, puntigliosamente coltivata nelle scuole dell'obbligo e spesso anche in università, ci aiuta talvolta (ma non sempre) ad essere più produttivi, economicamente più efficienti e meglio in grado di sopravvivere nella lotta per la vita. Sottovaluta però la maggior parte del nostro funzionamento cerebrale, che quindi spesso e volentieri se ne vendica venendo in primo piano e suscitando (negli scienziati sul genere di quelli appena citati) grandi lamenti sulla sciocca irrazionalità degli umani normali e della loro scienza.

Ma dall'altra parte: il principio fondativo della psicologia, che è soggettivista e costruttivista, vuole invece che la coscienza sia principalmente quella implicita, quella immediata. Noi conosciamo infatti soprattutto attraverso il nostro rapporto diretto e spontaneo con il mondo, che risulta certo meno logico-matematico e talvolta anche meno produttivistico rispetto al calcolo ragionevole, ma che non di rado è più efficace per il perseguimento della felicità e dell'armonia, oltre che molto meno artificioso.

Il pensiero implicito precede comunque di gran lunga il pensiero esplicito, che ne è soltanto un derivato piuttosto instabile. Quindi: posto che la fantasia primitiva è appunto la prima ad esistere, mentre la fantasia secondiva ne è solo un derivato secondario, il pensiero primitivo condiziona fortemente anche l'efficienza della razionalità produttivistica e va quindi coltivato con grande attenzione.

Il contenuto implicito della nostra coscienza può essere avvicinato almeno in parte, per usare un riferimento drammaturgico classico, al concetto di sotto-testo (o, per rievocare nuovamente la semeiotica: al concetto di meta-testo). Tale contenuto coincide con la realtà psicologica di quel testo che rimane implicito tra le righe del testo esplicito.

Il tema è al centro della psicologia drammaturgica di Stanislavskij, secondo cui è l'autore che scrive il testo ma è l'attore che recita il sottotesto. Mentre, nel caso della psicotecnica, essendo l'Implicito e l'Esplicito due parti della stessa persona, protagonista-autore e sottotesto-attore si confrontano costantemente nel qui ed ora. Posto che, come ci ricorda il Nostro:

"Il significato dell'opera sta tutto nel sottotesto" [Stanislavskij, 1938, 466].

La fantasia implicita (Implicito) domina largamente i nostri pensieri, nel senso che la grandissima parte della mente opera appunto in chiave implicita, di sottotesto. La fantasia esplicita

(Esplicito) sarà forse più efficiente, dal punto di vista delle nostre possibilità di sopravvivenza biologica e della nostra capacità di redigere dei racconti matematici sulla natura, ma rappresenta solo una parte marginale del nostro essere al mondo.

Comunque: l'obiettivo della psicotecnica non è certo quello di denaturare l'istinto, che è la parte più significativa dell'implicito, coll'accettare esclusivamente la sua traduzione in una forma che appaia ragionevole a chi vuole parlare solo nella lingua dei numeri. Il suo scopo non è certo quello di ridurre la fantasia ad un testo razionalizzato che sia tanto esplicito quanto privo di vita e scarso di contenuto esistenziale.

Obiettivo della psicotecnica è quello di permettere al potenziale umano, al sottotesto, di esprimersi. L'arte della mente cerca, eventualmente, di offrire testimonianze del fatto che è possibile contenere la già fin troppo vivace azione surgelante dell'implicito, molto più che cercare di dare, per partito preso, sempre e solo manforte all'ideologia della ragionevolezza contro la nostra natura costitutiva più radicata e profonda.

Per cui, quando arriviamo alla terra dove si dice che *hic sunt leones*: la psicotecnica preferisce, pur con tutte le cautele del caso, dialogare con questi saggi felini, invece che cercare di sterilizzarli trasformandoli a forza in qualcosa di simile a degli zio Tom della savana o ad un tappeto da mettere in salotto. E quando qualcuno ci dice cortesemente "In bocca al lupo!", noi aeronauti della mente rispondiamo cortesemente "Grazie!": perché il lupo ci sta simpatico e ci guardiamo bene dall'augurare qualche disgrazia al nobile animale.

17. Personalità Pluralità

La concezione monoteista dell'universo si collega spesso all'idea che tutti gli elementi del mondo siano unici e monolitici: una sola realtà, una sola verità, una sola anima, una sola personalità, un solo imperatore e così via. Dove il carattere di unicità che si vuole attribuire al mondo si è modernamente confuso anche con la ideologia oggettiva-produttiva del mondo stesso.

La concezione monocratica del mondo risulta però essere in netto contrasto con la nostra idea costruttiva della personalità e con l'effettiva inconoscibilità delle cose. E' infatti ben chiaro che l'essere umano costruisce attivamente la propria realtà, i propri pensieri, i propri comportamenti, la propria memoria. La realtà, da un punto di vista psicologico, non è affatto né una-sola-indivisibile né stabile, poiché la lettura che noi ne costruiamo (l'unica realtà che ci interessa) muta costantemente, da un momento all'altro, in modo anche drastico.

Questo rifiuto che l'ideologia scientifico-industriale ha voluto coltivare della pluralità di cui la persona appare in realtà costituita, ha contagiato anche l'idea arcaica dell'anima. Si è dunque prodotta una curiosa lettura secondo cui ci sarebbe un singolo demone dominante per ciascuna persona (il suo *vero* demone; per definizione: maggiore e positivo) mentre gli altri suoi modi di esprimersi sarebbero solo l'effetto di personalità interferenti (i suoi *falsi* demoni; per definizione: minori e negativi). Il monocratismo oggettivista, che è tipico della ideologia ragionevole moderna, ha stretto dunque una certa quale alleanza con la concezione monoteista dell'universo.

In tempi più recenti, con l'affermarsi della psicologia durante l'Ottocento, la natura plurima e poliedrica della personalità si è però riaffermata in una sua nuova versione decisamente più laica e meno preoccupata delle eventuali incomprensioni derivanti dalla concezione medioevale della religiosità. Sono stati dunque coltivati nuovi nomi per le sub-personalità che compongono ciascuno di noi, tenendoli volutamente lontani dall'idea originaria del DAIMON.

Si parla dunque volentieri, ciascuno secondo la propria fantasia, di: ruoli, istanze, apparati psichici, archetipi, caratteri, complessi, parti, livelli, stati dell'io e così via. Ciascun autore vuole dare a questi termini un suo significato particolare, ma si tratta in effetti sempre dello stesso concetto: che la personalità umana non è unitaria, ma che si tratta di una specie di repubblica reale, molto più che di una monarchia ideale.

Non esiste una persona singola, ma una pluralità di persone compresenti, coordinate e in qualche modo costituite in una forma di club o di circolo all'interno di un soggetto individuale che per certi aspetti ne è la sostanza, ma che per altri aspetti può esserne anche solo la sommatoria. Le diverse personalità-ruoli di cui ognuno di noi si compone sono come personaggi in cerca d'autore, almeno per quanto riguarda la loro dimensione costitutiva implicita.

Il nostro esistere può dunque essere descritto come una mente dalla natura multipla, in cui prevalgono di volta in volta singoli elementi, pur essendoci una specie di coordinatore interno che gli fa da regista o da direttore dell'orchestra, assumendo il ruolo della identità principale.

Tutte le psicotecniche si fondano sulla concezione della mente come di una realtà plurima, dove accade che un singolo elemento di volta in volta prende vita in primo piano, ancorché sullo sfondo di tutti gli altri, diventando temporaneamente il ruolo principale. Ma ciascun ruolo è sempre pronto ad avvicendarsi con tutti gli altri ruoli o parti o caratteri o complessi o sindromi o istanze o quant'altro, che gli ruotano attorno, contribuendo a costituire la natura di quella persona intera.

Tale concetto, della vita come recitazione, è reso molto bene da alcuni psicologi classici:

"Noi non siamo altro che fasci o collezioni di differenti percezioni che si susseguono con una inconcepibile rapidità, in un perpetuo flusso e movimento [...] La mente è una specie di teatro, dove le diverse percezioni fanno la loro apparizione, passano e ripassano, scivolano e si mescolano con un'infinita varietà di atteggiamenti e di situazioni. [...] E non si fraintenda il paragone del teatro: a costruire la mente non ci sono altro che le percezioni successive. Noi non abbiamo la più lontana nozione del posto dove queste scene vengono rappresentate e del materiale di cui è composto" [Hume, 1739-1940, 305-306].

"Possiamo dunque paragonare lo spirito di un uomo a un teatro di una profondità indefinita, la cui ribalta è molto stretta, ma la cui scena si va allargando a partire dalla ribalta. Su questo proscenio illuminato non c'è posto che per un solo attore. Questi arriva lì, gesticola per un momento, si ritira; ne compare un altro, poi un altro, e così di seguito: ecco l'idea o l'immagine in primo piano. Al di là, sui diversi piani della scena, ci sono altri gruppi, tanto meno chiari quanto più sono distanti dalla ribalta. Al di là di questi gruppi, tra le quinte e il lontano retroscena, si trova una moltitudine di forme oscure che una chiamata improvvisa porta talvolta sulla scena o conduce fin sotto le luci della ribalta, mentre sconosciute evoluzioni si operano costantemente in questo formicolio di attori di tutti gli ordini per fornire i corifei che a turno, come in una lanterna magica, vengono a sfilare davanti ai nostri occhi." [Taine, 1870, I.278].

"La nostra personalità cosciente - o più chiaramente - la coscienza che ognuno di noi ha del suo stato attuale, connesso agli altri precedenti, non può mai essere altro, se non una debole parte della nostra personalità totale, che resta chiusa in noi. [Ribot, 1884, 117] [...] La coscienza in ogni istante non ci presenta il nostro Io che sotto un solo aspetto fra i moltissimi che può assumere" [ivi, 118].

Una simile condizione di individualità-pluralità può essere rappresentata concretamente anche nel modo in cui i possibili ruoli interiori del momento si manifestano sulla scena di uno psicodramma, che è appunto una delle forme più classiche della psicotecnica moderna. Certi frammenti di un Attuale bastano da soli ad evocare la complessità della persona.

"Il protagonista è sul palco con molti doppi di se stesso, ognuno che impersona una parte diversa di sé: uno come egli è ora; un altro come era cinque anni fa; un terzo come era quando, all'età di tre anni, sentì per la prima volta che sua madre era morta; un altro ancora come potrebbe essere tra vent'anni. Le rappresentazioni multiple della persona sono presenti simultaneamente e agiscono in sequenza, con ciascuna che emerge dove l'altra si ritira." [Moreno, 1975: 240].

Nell'ambiente delle psicotecniche ho spesso visto o sentito evocare Walt Whitman (considerato da molti come il più grande poeta americano di lingua inglese), particolarmente il suo ben noto poema *Song of Myself*, a volte citandolo con esattezza, a volte meno, talvolta parafrasandolo. A chiusura di questo capitolo, mi piace e mi pare anche utile ricordare una delle sue strofe che ricorrono più spesso, specie (ma certo non solo) nell'arte della mente:

"Do I contradict myself?
Very well then I contradict myself,
I am large, I contain multitudes."[16]

---

[16] Traduzione possibile, da *Canto di me stesso* (del 1855): "Contraddico me stesso? Molto bene allora io contraddico me stesso, sono ampio, contengo moltitudini."

18. Trauma

Tra i molti fattori che contribuiscono a determinare la forma così come l'evoluzione della nostra personalità, ce n'è uno che appassiona in modo particolare quanti si occupano di psicotecnica. Questo è il *trauma*. Ricordando che TRAUMA è parola greca antica; che sta per: *ferita, sconfitta, danno, avaria*.

Si intende per trauma una esperienza negativa, che produce un inciampo nel naturale scorrere della nostra esperienza e della nostra vita, la quale lascia nella mente della persona una traccia più o meno stabile o caduca, la quale continua, nel tempo e nell'evolversi del suo percorso personale, a ostacolare la capacità della persona stessa di fare fronte alle complessità dell'esistenza.

Ci sono traumi fisici, che intervengono in seguito ad una lesione o ad una ferita (concreta e oggettiva) i quali traumi possono essere a carico di ossa, di muscoli, di tessuti ecc, che ne rimangono danneggiati più o meno gravemente. Ci sono traumi psichici, che intervengono in seguito ad un'esperienza critica (impalpabile e soggettiva) e che alterano e rendono meno efficaci i modi in cui la persona si rapporta al mondo, in cui costruisce le proprie strategie di comportamento, in cui reagisce agli stimoli o interagisce con le altre persone.

Accade che alcuni traumi psichici siano solo dei brevi episodi nella vita, per cui succede che presto si risolvono col fatto di dissolversi e di venire dimenticati. Accade invece che altri traumi siano emotivamente più intensi e che lascino tracce più stabili nella memoria del soggetto, continuando a colorare di sé alcune successive esperienze nella vita del soggetto stesso; che questi se ne renda conto oppure no.

Altri traumi ancora presentano la caratteristica di essere talmente intensi che la persona non riesce a sopportarli nemmeno nel momento in cui si determinano, per cui in qualche modo li seppellisce nella memoria come per evitare di viverli; benché questi continuino ad esistere vivacemente dentro di lei.

Pur senza entrare nella complessità della materia, e rimanendo al livello descrittivo che serve in una introduzione come questa, va ricordato che (seguendo una simile chiave di lettura) gli episodi traumatici, ormai radicati come memorie, continuano pressoché sempre a vivere e ad interagire con la vita della persona.

Talvolta producono solo dei piccoli ostacoli marginali o delle buche sulla via. Talvolta diventano invece come delle persone interiori, relativamente minori rispetto all'identità principale di chi li subisce, ma che giocano comunque un ruolo di qualche rilievo per il fatto di agire autonomamente secondo propri schemi di reazione e di pensiero che sono diversi da quelli della persona centrale.

I traumi sedimentati entrano cioè a far parte del panorama che costituisce l'insight del soggetto, per cui questi si trova ad incontrarli nuovamente, più o meno di frequente, sulla sua strada. I traumi vivono una esistenza propria all'interno della memoria, in virtù delle intense emozioni che danno loro continuamente vita, fornendo al gioco della fantasia elementi attivi che sono spesso in contrapposizione rispetto all'armonico scorrere della vita personale.

Va infine ricordato che i traumi psicologici, essendo di natura soggettiva, non hanno (ovviamente) alcuna necessità di corrispondere ad eventi oggettivi od a realtà razionali. Un adulto può essere terrorizzato dall'idea del gatto dopo essere stato graffiato da un gatto quando era bambino. Un altro adulto è stato graffiato varie volte, da piccolo e da grande, senza venirne per niente (o quasi) traumatizzato, per cui gioca col gatto in tutta allegria. Mentre un altro è terrorizzato dal gatto, pur avendone magari avuti in casa, ma non essendone mai stato graffiato né altrimenti aggredito. E infine un altro adulto ancora è terribilmente schifato dal serpente, con cui però non ha mai avuto in alcun modo direttamente a che fare.[17]

Accade dunque che si cerchi, così come si sforzano di fare molti autori almeno dalla fine del Settecento in poi, di rimarginare la ferita o la lesione traumatica: sviluppando una tecni-

---

[17] Chi non ha esperienza delle psicotecniche si chiederà magari, rispetto agli ultimi due esempi riportati: E allora? Dove sta il trauma? Quale è l'immagine attorno a cui si è sedimentata l'emozione opprimente? Ma svilupperemo questi temi in un altro momento o in un altro posto (magari proprio in teatro).

ca con cui ripercorrere gli eventi del trauma stesso, ma per così dire al contrario e dal principio [AB OVO]. Si cerca di rimettere le cose al loro posto o comunque in una posizione mimigliore, col fatto di rivisitarle e di metterle meglio a fuoco nella memoria.

Si accompagna la persona alle circostanze in cui il trauma è intervenuto, per riviverlo adesso e per alleggerirlo del suo fardello emotivo più invalidante. Poi si drammatizza, o si descrive, una risoluzione degli eventi che possa evolvere in una chiave più armoniosa, più soddisfacente e più positiva sul piano dello sviluppo personale di chi aveva vissuto originariamente il trauma.

Una psicotecnica classica della psicologia dinamico-magnetista di sempre consiste nel superamento del danno psicologico attraverso tale sua rivisitazione e rielaborazione drammatizzata, che viene attuata facendo rivivere il contesto in cui il danno stesso è intervenuto, ma sviluppandolo in un modo nuovo e più utile alla persona.[18] In genere il trauma viene fatto raccontare al soggetto in parole; ma talvolta viene fatto anche recitare in forma concreta, utilizzando magari degli assistenti come attori o con il conduttore che impersona le diverse parti sulla scena.

Le psicotecniche basate sulla rivisitazione della memoria emotiva perseguono l'obiettivo di alleggerire il peso opprimente delle memorie traumatiche (esplicite, ma soprattutto implicite) e di renderle più serene. In questa prospettiva: la psicotecnica contemporanea non risulta essere particolarmente originale, visto che arti del genere vengono praticate almeno da secoli e secoli (per non dire: millenni). Il che, naturalmente, non toglie nulla alla sua grande efficacia.

---

[18] Potrà suonare strano a qualche psicologo davvero sprovveduto, ma quella particolare tecnica che viene molto citata da alcuni chiamandola "catartica" e attribuendola a Joseph Breuer, è una modalità di lavoro descritta e soprattutto realizzata da diecine di autori e in particolare da Pierre Janet (cui Breuer in effetti consapevolmente si richiama) per tutto l'Ottocento e oltre. Per un'ampia trattazione sul tema, accompagnata da molti esempi, rimando a un testo complementare a questo [Perussia, *in pubblicazione*].

19. Diagnostica

C'è un aspetto della psicotecnica che la identifica chiaramente, ancorché per contrasto, nel panorama della psicologia pratica contemporanea, in quanto brilla soprattutto per la sua assenza. E' il caso di quella che alcuni psicologi, i quali ritengono di guadagnare in credibilità con l'imitare almeno nella sua forma esteriore l'armamentario del medico, chiamano *diagnosi*.

Diagnosi è dal greco DIA [*attraverso*] e GNOSIS [*conoscenza*]. Il prototipo della diagnosi è la magica capacità di vedere oltre le cose e dentro di loro. Dove lo psicomante osserva la disposizione che hanno preso le viscere dell'animale in risposta al test del sacrificio e, come nelle arcane circonvoluzioni del responso, ci vede segni che rimandano inesorabilmente al fenomeno che sta vaticinando. Quindi, grazie ad una cabala solo a lui nota, attraverso opportune siglature, analisi delle posizioni rispetto agli assi delle mappe cosmiche e relativi calcoli delle effemeridi che ne derivano, egli può conoscere la natura di ciò che egli stesso ritiene si colleghi alla causa profonda del modo in cui tali viscere si manifestano.

Oppure anche: l'analizzatore scruta la persona che ha di fronte, lasciandosi andare alla già citata capacità di percezione telepatica fluttuante, la cui medianicità l'analizzatore stesso ha potuto raffinare accedendo al segreto laboratorio iniziatico dell'anziano maestro. Il risultato finale è quello di poter vedere-attraverso, nella profondità della persona, ben al di là di quello che ingenuamente la persona stessa crede di sé, cogliendovi chiaramente cose che lo psicomante è in grado di leggere molto meglio di lei.

La versione positivista della mantica propone questa operazione in termini scientifici, invece che magici, per cui la diagnosi viene ricondotta alla classificazione, cioè alla capacità del paragnosta di attribuire una identità cognitiva al fenomeno che ha di fronte, in virtù del fatto che lo riconduce ad una categoria naturale (fisiologica) oggettiva specifica.

Il mantico afferma dunque: la sostanza delle cose, ben al di là delle apparenze, è questa. A tale sostanza aggiunge la capacità previsionale, che è condizione necessaria della scienza oggettiva (pena la sua mancanza di falsificabilità, con le relative incresciose conseguenze), e prognostica dunque che: se non si interviene, succederà questo e questo; mentre, in virtù di una eventuale specifica contromisura messa in atto dall'esperto, potrà succedere invece quest'altro.

In ciò consiste la moderna magia naturale. La quale prevede appunto anche la possibilità di realizzare un intervento di salvazione, a partire dalla conoscenza oggettiva delle cose. Per cui il salvatore dice: poiché ha la febbre e la lingua gialla, allora soffre della tale malattia, quindi gli somministro la tale medicina, cosicché, se tutto va bene, guarirà perfettamente. E, per nostra fortuna, tale capacità gnostica della medicina moderna è molto spesso grande e massimamente efficace, riuscendo così a liberarci da molti mali.

Ora, a differenza della psicomanzia, anche in base alla propria chiara coscienza di non essere una forma medica: la psicotecnica interviene invece senza che vengano prodotti né atti diagnostici né atti prognostici. Nella psicotecnica, il conduttore: né vede attraverso né classifica. Detto altrimenti: il regista interviene senza produrre diagnosi, senza definire la cura e senza prevedere gli esiti.

Questa speciale condizione dipende da un fatto piuttosto semplice, ancorché espresso in negativo. Lo abbiamo appena accennato, ma lo ripeto di nuovo a chiare lettere, a scanso di ogni equivoco: la psicotecnica *non* ritiene di essere, *non* vuole essere e insomma certamente *non* è una forma di medicina.

20. Solve et Coagula

L'arte della mente segue, su di un piano metaforico, un principio generale che storicamente viene attribuito a varie tradizioni, quali in particolare quelle: metallurgica, alchemica, chimica, culinaria occidentale ecc. Si tratta di scaldare il composto perché gli elementi in esso contenuti possano attivarsi. In seguito: si tratta di raffreddare l'emulsione, affinché trovi stabilmente una nuova qualità migliore.

E' la formula alchemica per eccellenza: SOLVE ET COAGULA. Si può tradurre questa dizione latina con varie espressioni, evocando sfumature diverse del concetto, e suggerire, per esempio, di: sciogliere e rapprendere; scomporre e ricomporre; analizzare per sintetizzare; dissolvere per risolvere; e così via.

Sciogliere è sinonimo di s-legare, cioè di separare quello che era (impropriamente) unito. L'obiettivo è quello di rompere i legacci, quelli fisico-chimici o quelli psicologici (associativi, esperienziali) che costringono gli elementi in formule rigide e stereotipate. La persona viene sciolta nel senso che viene liberata da vincoli che la ostacolano.

Tale scioglimento è anche una *precipitazione*, in quanto porta, metaforicamente parlando, alla separazione di una sostanza solida che si trovava in soluzione. La sostanza solida (diciamo così: il peso emotivo che ottusamente interferiva) si distacca e appunto precipita, mentre le particelle più leggere vengono lasciate andare alla loro naturale animazione (psichica).

Coagulare è sinonimo di legare assieme, cioè di unire ciò che era (impropriamente) separato. L'obiettivo è quello di arrivare ad una ricostituzione di elementi consonanti, dapprima slegati e quindi dispersi, in una nuova sintesi più efficace. Le particelle in sospensione trovano nuovi collegamenti, meglio adeguati al progetto interiore della persona. Il soggetto viene reintegrato. Una nuova struttura, più armonica, si sostituisce al coacervo instabile su cui si fondava la precedente.

21. Reviviscenza

Il termine che probabilmente rende meglio l'idea della strategia psicotecnica è quello di *reviviscenza*, nel senso in cui la proponeva Stanislavskij, ma seguendo anche la prospettiva di quanti ne hanno trattato prima ed oltre.

La reviviscenza può essere indicata come l'arte di fare rinascere i fantasmi, con l'obiettivo di offrire loro una nuova vita. Detto altrimenti: l'arte della reviviscenza psicotecnica è il sistema mediante il quale permettere a delle rappresentazioni cognitive, che rimanevano implicite (ancorché ben vive e attive nella profondità del pensiero), di riemergere e quindi di collaborare con le potenzialità della persona invece che ostacolarla.

La differenza tra memoria (nel senso comune del termine) e reviviscenza vera e propria, consiste solo in una questione di grado. Nel caso del ricordo, ad esempio, riconosco la scritta "Teatro" su quell'insegna e nemmeno mi rendo conto che sto usando appunto la mia capacità mnestica, nella forma del dizionario di italiano che mi porto nel cervello e cui confronto, come testo e come significato, quei segni sul muro.

Oppure, in una forma che è più della reminiscenza: "Mi viene in mente" il viso della zia Gina. Oppure: "Mi ero perso nel ricordo di quando eravamo sulla spiaggia, la scorsa estate". Oppure: mi sono spaventato veramente perché "Ho visto il grande coniglio saltarmi addosso da un cespuglio nel bosco", ma poi mi sono reso conto che era solo un'ombra prodotta dalla luna. Oppure: "Ti ho visto proprio alla fermata dell'autobus, mentre facevi il cascamorto con quella scema in minigonna", ma tu non c'eri.

"Dall'idea all'allucinazione non vi è altra differenza che quella tra il germe e la pianta o l'animale completo" [Taine, 1870, II.25].

Va sottolineato poi che la reviviscenza non è affatto una regressione, come alcuni sembrano voler dire quando ad esempio parlano in termini di "regressione d'età" o fanno comunque riferimento al "ritornare" ad una idea "passata". Al contrario: si tratta di un progresso. La reviviscenza è un processo attraverso il quale la coscienza implicita cresce e si sviluppa, poiché fa un passo avanti e viene in piena luce sulla scena, prima occupata dalla coscienza esplicita che la mascherava.

"La memoria non consiste affatto in una regressione del presente al passato, ma al contrario in un progresso dal passato al presente" [Bergson, 1896, edizione italiana 326].

"Molti stati nervosi e malattie mentali hanno origine in una suggestione naturale che ha agito in quel momento speciale. [...] Ci si spiegherà allora come il magnetizzatore aiuta la guarigione. Egli mette il soggetto nello stato in cui il male si è manifestato e combatte attraverso la parola lo stesso male, ma nel momento in cui questo rinasce." [Delboeuf, 1889, 71].

La reviviscenza viene notevolmente facilitata dalla concretizzazione. La persona ritrova se stessa, al di là dei propri limiti esperienziali, specie grazie al meccanismo del suo rivivere. La memoria, ancorché come si dice "del passato", diventa qualcosa di molto presente.

"«Ascoltare», nel nostro linguaggio, vuol dire «vedere quello che ci dicono». «Parlare», vuol dire «descrivere le nostre immagini visive»" [Stanislavskij, 1938, 470]. "Parlare significa agire. L'azione ci viene imposta dalla necessità di inculcare negli altri quello che vediamo noi. Non importa se l'altro è capace di vedere o no: ci penseranno madre-natura e padre-subconscio" [ivi, 475].

Possiamo incontrare lo stesso concetto in molti contributi psicologici recenti, che fanno riferimento a forme attive di superamento del disagio attraverso la reviviscenza del trauma. Se ne possono trovare molti descrizioni, alcune delle quali piuttosto sprovvedute di riferimenti bibliografici affidabili.

Ne presento comunque un esempio, non necessariamente migliore rispetto ai tanti altri possibili, ma interessante perché l'ho tratto da un articolo che dimostra una inconsueta familiarità con il lavoro di Janet, così come con la letteratura psicotecnica classica, e che spiega con competenza (benché purtroppo nella solita preoccupazione di certificarsi in termini di para-medicina) come realizzare quello che qualsiasi psico-tecnico definirebbe ovviamente come uno psicodramma (ma senza il minimo riferimento a Moreno né ai suoi derivati). Riprendo qui sotto il racconto, attraverso una serie di citazioni che ho colto in vari punti lungo tutto l'articolo.

"In sintesi, i ricordi traumatici sono degli stati senso-motori che possono venire parzialmente o completamente ri-vissuti [re-experienced] dall'individuo. Inoltre, possono essere consci o inconsci. Possono rimanere temporanea-mente in uno stato quiescente, ma vengono spesso riattivati da stimoli che assomigliano a qualche aspetto del trauma, letteralmente o simbolicamente. L'evocazione di una di-mensione della memoria dissociata tende a riattivare tutte le componenti dissociate [...] Il trauma viene codificato all'interno di determinati schemi cognitivi, e continua ad essere interpretato dal paziente all'interno di tale contesto [...] I ricordi traumatici attivati continuano ad esercitare i loro effetti invadenti e inquietanti a causa della loro natura dissociativa. Hanno ancora da diventare parti condivise e integrate delle altre parti coinvolte, così come di tutta la personalità. [...] tutti i 'nuclei patogeni' dissociati devono venire sintetizzati. [...] La sintesi di una memoria traumati-ca presuppone la sua riattivazione controllata [...] Mentre (ri)sperimenta il trauma, il paziente entra in uno stato alte-rato di coscienza e perde il senso del tempo cronologico. Non vi è nessun senso del passato o del presente rispetto al trauma, cosicché il trauma pare senza tempo. La sintesi de-ve contrastare tutto questo e aggiungere un senso di conti-nuità e di finitezza (Steele e Colrain, 1990). Usando i dettagli raccolti durante la fase di preparazione, il terapista aiuta il paziente ad evolvere dal periodo direttamente prima del trauma, attraverso il trauma stesso, fino al periodo di-rettamente successivo. Il paziente sperimenta in tal modo un inizio e una fine del trauma (Putnam, 1989)." [Van Der Hart et Al, 1993].

22. Anamnesi

La reviviscenza viene prodotta in primo luogo attraverso l'ana-mnesi; che è da ANÀ [indicatore di *cambiamento*] e MNESIS [*memoria*]. L'anamnesi indica letteralmente un *rovesciamento* della *memoria*, nel senso della perdita dell'oblio.

La memoria cambia cioè di stato, proprio in virtù di una anamnesi, attraverso la sua piena, o accresciuta, reviviscienza. Quello che giaceva quasi dimenticato, o paralizzato (come Merlino nel ghiaccio), si riscalda e risorge alla vita.

La strategia dell'anamnesi è sviluppata in modo particolare da Socrate, attraverso quella che lui chiama *maieutica*. La tecnica maieutica, o *arte della levatrice* [MAIEUSIS], si riferisce proprio a quell'arte in virtù della quale il maieuta aiuta un elemento, che era già vivo e ben presente nella mente della persona ma solo allo stato germinale, a venire pienamente in luce.

Lo psicotecnico, come la levatrice, non produce alcuna vita di per sé, ma permette a quanto era già ben formato e vivente nella persona di venire fuori, ovverosia di es-primersi. Posto che, almeno in senso aristotelico: la maieutica non è un'arte della memoria, bensì un'arte della reminescenza.

Dove lo scopo dell'anamnesi è in larga parte quello di realizzare un'ana-morfosi, cioè una cambiamento o trasfigurazione di una *immagine* o *forma* [MORPHÉ] attraverso l'*ana-stasi* o resurrezione [dove STASIS è: *innalzamento, sollevamento, posizione, peso, fazione*]. Gli elementi della memoria vengono nuovamente apprezzati e quindi trasfigurati per il fatto di essere fatti emergere.

La reviviscenza porta alla conoscenza della propria storia, che era rimasta attivamente dimenticata. E sarà quasi inutile ricordare che, da un punto di vista psicotecnico, tale reviviscenza non trova alcun particolare giovamento nell'essere deformata dalle interpretazioni che eventualmente vi proiettasse sopra lo psicologo.

23. Mnemotecnica inversa

La psicotecnica si collega alla lunga storia della mnemotecnica, antica arte del ricordare che abbiamo già evocato in precedenza e su cui esiste pure, volendo approfondire l'argomento, una letteratura di grande interesse [Yates, 1966; Rossi, 1983; Carruthers, 1990-2008; Bolzoni, 1995; Carruthers e Ziolkowski, 2002]. Sebbene, nel caso della psicotecnica, l'arte venga applicata al contrario: all'attivazione dei contenuti emotivi, già presenti nella memoria sin da tempi passati, nella direzione della reminiscenza; invece che alla sedimentazione dei contenuti percettivi per fini di memoria futura.

La mnemotecnica è l'arte di ricordare, soprattutto nel senso di una tecnica che facilita lo sforzo di depositare attivamente dei contenuti nella memoria. Mentre la psicotecnica è l'arte di esprimere, anche nel senso di una tecnica che facilita il riemergere e il dispiegarsi dei contenuti di memoria già esistenti.

Le mnemotecniche, sviluppate soprattutto nelle epoche precedenti al diffondersi dell'alfabetismo e allo sviluppo di macchine mimetiche efficienti (dalla stampa alle memorie elettroniche), si fondano principalmente sul fatto che la mente umana ricorda meglio quando le informazioni vengono trasformate in immagini o quando vengono collegate tra loro in forma di teorie, intese come percorsi visivi a tappe su si una mappa o come passaggi disposti lungo una storia.

Il prototipo delle mnemotecniche è il metodo dei LOCI [*luoghi*]. Questo consiste nel collocare, in degli spazi mentali scelti dal soggetto, gli elementi che questi vorrà in seguito ricordare, seguendo modi di associazione che possono essere anche del tutto arbitrari ma che devono riuscire convincenti per il memorizzatore. La persona immagina una specie di mappa, fatta di luoghi che sono ben vivi nella sua mente, e vi associa gli elementi che vuole imporsi di ritrovare facilmente in seguito.

Si tratta di imitare quanto già abbiamo visto accadere naturalmente nel caso delle nostre spontanee associazioni mnesti-

che. Si tratta cioè di trovare tutta una serie di elementi conco-
mitanti, i quali possano venire consapevolmente associati agli
elementi da mandare a memoria, così da permettere a tali contenuti di sopravvivere e di poter essere più facilmente rievoca-
ti quando lo si desidera.

Nel momento in cui la persona vorrà rivisitare i suoi ricordi, le riuscirà molto utile recuperare alla coscienza presente i
luoghi già noti in precedenza (o meglio: già piuttosto vivi, anche emotivamente, nella sua memoria spontanea) e fare rinascere così, per naturale associazione, anche gli elementi che la
persona stessa aveva arbitrariamente associati a tali luoghi
rappresentativi.

Si deve in pratica costruire qualcosa di simile ai giochi
enigmistici chiamati *rebus*, che consistono di una vignetta
composta di immagini e di segni, svolgendo i quali si trova la
soluzione del messaggio, che è nascosto in apparenza ma che
risulta essere anche ben evidente quando ne conosci la chiave,
la quale permette ai loro contenuti segreti di arrivare immediatamente alla coscienza.

Una delle forme più tipiche che vengono suggerite classicamente per queste mappe mentali artificiali, costruite ad arte
per meglio ricordare, è il teatro. Per cui, soprattutto nel periodo rinascimentale, si propone alla persona di immaginare un
palcoscenico che sia ricco di vivaci elementi, su cui collocare
ciò che deve essere ricordato.

Il ricorso alla memoria emotiva ha sempre avuto particolare
rilievo nel campo della mnemotecnica. Sin dall'antichità è infatti sempre stato ritenuto molto utile che, per ricordare meglio, la persona colleghi i nuovi elementi da immagazzinare a
dei riferimenti che siano affettivamente intensi per lei.

"Occorre quindi creare immagini di una natura che possa
permanere il più a lungo possibile nella memoria. Questo
accadrà se stabiliremo similitudini per quanto possibile ri-
levanti; se avremo creato immagini che non siano numerose né vaghe, bensì attive [AGENTES]; se attribuiremo loro
una eccezionale bellezza o una singolare bruttezza; se ne
adorneremo qualcuna con corone o mantelli di porpora, in
modo che l'associazione possa essere più notevole per noi;
o se le deformeremo in qualche modo, magari macchiando-

le di sangue o sporcandole di fango o imbrattandole di ver-
nice rossa o rendendone più evidente la forma o assegnan-
do loro effetti comici: perché anche con questo
assicureremo loro un ricordo più facile. Infatti quelle cose
che, essendo reali, noi ricordiamo facilmente, non è difficile anche ricordarle quando sono immaginate e accurata-
mente marcate." [Cicerone, 89 aC, III, 37]

Ciò che maggiormente conta nella mnemotecnica è di rendere ricca e viva la memorizzazione, in modo da facilitare, in
virtù delle vivaci associazioni connesse, anche il recupero attivo dei contenuti che si vogliono mantenere vivi. Sottolinean-
do il fatto che ha una importanza solo limitata il nesso logico
tra gli elementi associati, mentre è necessario che i *loci*, così
come qualsiasi costrutto faccia da supporto alla memoria, siano in qualche modo ricchi dal punto di vista della loro capacità immaginifica, che cioè siano carichi da un punto di vista
emotivo.

"Anche quello che sentiamo, deve venire collegato ad
un'immagine visiva. Per aiutarci a ricordare qualcosa che
abbiamo sentito raccontare invece che visto, dobbiamo at-
taccare alle parole l'aspetto, la mimica, i gesti della persona
che parlava, così come l'aspetto della stanza. L'oratore deve
quindi creare forti immagini visive, attraverso l'espressione
e il gesto, che fisseranno l'impressione delle sue parole.
Tutti i manuali di retorica contengono consigli dettagliati
sul gesto declamatorio e di espressione; questo si collega
all'insistenza di Aristotele, di Avicenna e di altri filosofi,
relativamente al primato e alla sicurezza, per la memoria,
del modo visivo su tutte le altre modalità sensoriali, uditive, tattili, ed il resto." [Ugo si San Vittore, *Didascalion*,
1128; in: Carruthers, 2008]

"La memoria usata ad arte [ARTIFICIOSA MEMORIA] consiste di luoghi e di immagini" [...] Spesso noi sintetizziamo
la memoria di tutta un'intera materia con un solo segno o
con una immagine semplice " [Cicerone, 89 aC, 3.XXIX-
XXXIII]

Tra le immagini più efficaci nel favorire attivamente il funzionamento della memoria, vi sono quelle che vengono appun-

to dette IMAGINES AGENTES e di cui ha trattato Cicerone attribuendole a Simone di Ceo. Queste sono spesso delle costruzioni che vengono inventate ad arte quando si agisce per fini retorici. Servono cioè a meglio ricordare, per chi le usa nella propria fantasia, quando si vuole tenere un discorso. Ma possono contribuire in modo significativo anche ad inculcare negli altri un ricordo migliore e più duraturo, specie da parte di chi sta teorizzando e vuole convincere.

"Egli pertanto, a quanti esercitino questa facoltà dello spirito, consiglia di fissare nel cervello dei luoghi e di disporvi quindi le immagini delle cose che vogliono ricordare. Con questo sistema l'ordine dei luoghi conserverà l'ordine delle idee, le immagini delle cose richiameranno le cose stesse, i luoghi fungeranno da tavolette per scriverci sopra e le immagini serviranno da lettere con cui scrivere. [...] Ben vide Simonide, o chiunque ne sia stato l'inventore, che le impressioni trasmesse dai nostri sensi rimangono scolpite nelle nostre menti e che di tutti i sensi il più acuto è quello della vista. Per cui dedusse che la memoria conserva molto più facilmente il possesso di quanto si ascolta o si pensa quando le sensazioni entrano nel cervello con l'aiuto della vista. In questo modo la rappresentazione con immagini e simboli concretizza le cose astratte ed invisibili con tanta efficacia che riusciamo quasi a vedere realmente mediante immagini concrete quel che non siano capaci di percepire col pensiero." [Cicerone, 55 a.C., II.II.86-87].

Naturalmente (ahimè!) delle analoghe immagini efficaci possono instillarsi nella mente come prodotto artificiale di un meccanismo perverso; il quale interviene in modo innaturale, o meglio forzando il naturale svolgersi in forma armonica delle cose. E questo è appunto quanto avviene, come già abbiamo visto, nel caso del trauma.

Detto altrimenti: una particolare emozione, che incontriamo incidentalmente, può legarsi a dei loci da noi non previsti né voluti, ma presenti solo per caso in quel momento. A seguito di tali circostanze, le vicissitudini della vita possono quindi produrre delle *imagines agentes* incidentali e non desiderate, ma non per questo meno potenti, che continuano a riproporre le loro memorie associate insinuandole nella mia coscienza, senza che io ne capisca chiaramente il senso.

Accade in questo caso che la coscienza coglie esplicitamente la presenza dei loci, ma non quella delle emozioni implicite che, su quei loci, il caso e le circostanze si sono trovati a scrivere. Si realizza cioè, senza volerla, una mnemotecnica efficace, ma rispetto alla quale la persona non ha più nessuna coscienza del fatto che si è trattato di una memorizzazione artificiale.

Quindi: come esiste l'arte attiva della memoria, che è la mnemotecnica, la quale utilizza associazioni poco ragionevoli ma utili per favorire la memoria di qualcosa; così esiste anche un'arte attiva della reviviscenza, che è la psicotecnica, la quale utilizza lo stesso principio ma all'inverso. Invece che agire per incastonare nella mente esplicita quanto da solo magari non vi si depositerebbe, come si propone di fare la mnemotecnica: si tratta di liberare dalla memoria implicita quanto da solo magari non riuscirebbe a emergere, come si propone di fare la psicotecnica.

La psicotecnica opera quindi in una prospettiva che modernamente si potrebbe definire, in chiave metaforica, anche come *reverse engineering* o, più in generale, come reingegnerizzazione mnestica. Se prendiamo per esempio il caso dello psicodramma, è chiaro che la drammatizzazione tende a manifestare ed a ricomporre le cause di un fatto psicologico, ridefinendole a partire dalle loro conseguenze.

L'arte della mente cerca di ricostruire una sequenza soggettiva dei fatti che sia più efficace di come questa si era presentata nella sofferenza spontanea della persona. Tale rivisitazione si propone di giungere ad una definizione migliore degli eventi psicologici che l'hanno preceduta. L'intervento parte cioè dagli effetti per produrre le cause, in modo da ricavare poi, con riferimento ai medesimi eventi, conseguenze più sensate (armoniose) di quelle che si erano prodotte spontaneamente (ma anche traumaticamente) nell'esperienza incidentale che le aveva determinate all'interno della memoria emotiva del soggetto stesso.

Per restare sempre al caso dello psicodramma, questo è una forma di mnemotecnica attuale, nel senso che: tale forma di arte drammatica non si propone di *depositare* in memoria dei contenuti, bensì di *tirare fuori* dei contenuti dalla memoria con il fatto di rievocarli. E' una mnemotecnica *a slegare* o meglio a sciogliere; non una mnemotecnica *a legare* o a fondere. Lo psicodramma, essendo appunto un'arte della mente, non persegue infatti la *mnesi* ma l'*ana*-mnesi.

La grandezza e l'utilità della psicotecnica sta proprio in questa sua capacità di aiutarci a ricordare quello che ricordavamo già ampiamente, ma senza rendercene ben conto e senza riuscire ad esplicitarlo per davvero. Perché, come ci ricordano alcuni tra i più autorevoli fondatori della moderna scienza cognitiva, è piuttosto evidente che, psicologicamente parlando:

"La vera strozzatura non è rappresentata dal deposito, ma dalla rievocazione [...] costruire connessioni sembra molto più semplice che ritrovarle più tardi" [Miller, Galanter e Pribram, 1960, 160].

La psicotecnica sceglie, come proprio obiettivo di verità da indagare, di raggiungere la compiutezza della realtà profondamente memorizzata. Per inciso, anche richiamandoci a quanto abbiamo visto in precedenza, l'arte della mente persegue una verità concettualmente non dissimile da quella della scienza oggettiva dell'outsight, solo che la cerca nella scienza soggettiva dell'insight.

Si tratta di due realtà-verità che possono apparire anche molto differenti, ma nessuna delle due potrebbe essere considerata di per se stessa migliore (e da quale punto di vista potrebbe?).

24. Catarsi

Un fenomeno rilevante che spesso di manifesta nella psico-tecnica, tanto da rappresentare una sua componente per certi aspetti fondativa, è la catarsi. Questa interviene sostanzial-mente sempre nelle psicotecniche d'azione ma, ed è bene sot-tolinearlo: si presenta spesso in un modo e con una intensità che non è affatto necessariamente quella che spesso immagina la fantasia popolare.

Non si tratta infatti, semplicemente, di emettere urla frene-tiche o di sbracciarsi o di piangere a dirotto. Ed è finita lì! Si può trattare *anche* di questo. Ma certo *non solo* di questo. E comunque: di tutto ciò in un modo diverso.

Come sottolinea qualsiasi testo in materia, il theatron è per sua stessa natura sempre catartico. Infatti, secondo l'autorevole quanto fondativa *Poetica* di Aristotele, la funzio-ne centrale del teatro (e degli spettacoli e dei racconti e un po' di tutte le forme artistiche in generale) è quella per cui il dramma: "Attraverso la pietà e la paura, produce la purifica-zione [CATHARSIS] di tali sentimenti" [330 a.C., 1449b.25].

Ricordo ancora, come ho già fatto più estesamente in altre occasioni, che *Catarsi* è da KATA [*verso, sopra*] e da AIRO o AEIRO, quello da cui viene *aria* e *aereo* [*sollevo, alzo, rendo manifesto*]. E poi ancora: KAT-ARTUO è *dispongo, metto in or-dine*; KAT-ARTIZO è: *rimetto a luogo, integro, riparo*. Nella versione latinizzante può suonare: *abreazione*. Per cui ad esempio Brown [1920/1921a, 1920/1921b], nell'ambito delle sue tecniche di reviviscenza delle memorie emotive, preferisce chiamarla più modernamente *Psychocatharsis*, ma intendendo sempre lo stesso fenomeno.

Generalmente, per Aristotele, la catarsi non è mai uno spurgo naturale, che avviene per conto proprio, bensì sempre una evacuazione prodotta ad arte. In medicina, questo avviene a seguito della somministrazione di farmaci o comunque in virtù di un qualche intervento umano. Si tratta di evacuazioni naturali nella sostanza, ma che vengono indotte artificialmen-te, come può accadere quando si somministra un lassativo, un diuretico o un salasso. La catarsi produce l'espulsione di elementi tossici genericamente negativi,[19] per cui porta a un riequilibrio, per sottrazione, in virtù del quale si ristabilisce un nuovo ordine.

Per quanto ci interessa qui, il punto fondamentale sta nel fatto che *catarsi è purificazione*; nel nostro caso: emotiva. Il che avviene sempre e contemporaneamente, come già abbiamo notato, seguendo due direttrici che sono diverse ma anche complementari tra loro: la purificazione *dalle* emozioni e la purificazione *delle* emozioni.

Per la parte che riguarda la purificazione *dalle* emozioni, nella psicotecnica (avendo piena coscienza della sostanza metaforica dei termini elettro-magnetici che stiamo utilizzando), il sovra-carico emozionale può venire scaricato o liberato attraverso l'azione e/o la rielaborazione mnestica emotiva. Da questo punto di vista, l'attivazione psicotecnica permette al sistema psicologico di riequilibrare, al terreno su cui il soggetto poggia, il potenziale elettro-psichico interno alla persona stessa [tale è propriamente l'effetto della messa-a-terra o messa-a-massa]. Per cui l'energia in eccesso, che era rimasta chiusa in un ingorgo psichico, si trova finalmente nella condizione di liberarsi. Sempre che la natura del soggetto non faccia da resistenza al passaggio dell'emozione.

Per la parte che riguarda invece la purificazione *delle* emozioni, quale può venire realizzata attraverso la psicotecnica, il sentimento originario viene chiarificato o rettificato, per cui trova una sua nuova e migliore identità.

Le parti originariamente significative, che erano rimaste implicite sotto il peso del sovra-carico intasato e intasante di energia, si liberano finalmente, grazie alla ri-elaborazione che interviene in virtù dell'esprimersi, e quindi del dispiegarsi, di tutte le parti in causa.

---

[19] Giusto per capirsi: un tipico prodotto della catarsi è il catarro. Oppure, volendo seguire anche noi l'insegnamento della nota scrittrice, giornalista e riformatrice ebrea viennese Dottoressa Bertha Pappenheim: si tratta di fare come lo spazzacamino, che stura la cappa del camino dalla sua fuliggine, permettendogli di tirare meglio.

Ricordo infine che la catarsi può essere anche morbida e delicata, così da presentarsi in modi non necessariamente enfatici. Ci sono infatti catarsi molto teatrali, che ricordano la "crisi risolutiva" di cui si parla tradizionalmente in medicina. Ma ci sono anche catarsi striscianti, in cui l'eruzione emotiva si limita al fatto di sentire molto caldo, oppure ad una generale impressione di spossatezza oppure al semplice fatto di non limitarsi a compiere gesti che siano razionalmente del tutto coatti.[20]

La psicotecnica d'azione persegue quella che si potrebbe definire come una *esaustione* del trauma o meglio della sua memoria emotivamente negativa, dal latino HAURIRE [*attingere, estrarre, consumare*] EX [*da*]. Il concetto è quello di esaurire la memoria emotiva traumatica in modo simile a come può venire *esausto* un olio industriale, in quanto ha ormai compiuto la sua opera (nel nostro caso: di intralcio), cosi da poter trovare un'altra e nuova funzione più favorevole, in virtù di una sua ristrutturazione o di una sua rigenerazione.

In altre parole: la psicotecnica aiuta a liberare le emozioni dannose o eccessive, rimaste prigioniere tra le pieghe dei conflitti che l'esperienza passata ha determinato, permettendo loro di depurarsi, diventando più genuine e ritrovando una propria condizione più armoniosa in quanto più vicina a quella che sarebbe stata naturale se tutto si fosse sviluppato senza traumi.

---

[20] Moreno[1940b], nello psicodramma, distingue generalmente tra catarsi abreativa, lo scarico delle emozioni, e catarsi integrativa, che le ricompone. Non sviluppa il tema in chiave di cultura classica, ma il concetto è simile.

25. Esorcismo Adorcismo

La complementarità tra purificazione *dalle* emozioni e purificazione *delle* emozioni può ricordare la complementarità tra esorcismo e adorcismo. Il che ci interessa perché la psicotecnica è anche un modo per attivare i fantasmi interiori. Il suo obiettivo è di mettere in fuga quelli che si propongono come ostili e impedenti, mentre cerca di dare manforte a quelli che si manifestano come amici e favorevoli.

L'intervento psicotecnico realizza, in chiave psicologica, qualcosa che si avvicina tanto a un esorcismo quanto a un adorcismo; costrutti che prendono entrambi nome da ORKOS-ORKION [*giuramento, patto, obbligazione*]. Dove: lo *esorcismo* cerca di allontanare [EX] dal patto con il male; mentre lo *ad-orcismo* cerca di avvicinare [AD] al patto con il bene.

Nell'esorcismo si cerca di estromettere gli spiriti ostili dalla persona, affinché smettano di ostacolarla. Nell'adorcismo si cerca invece di alleare gli spiriti amici al soggetto, cosicché questi lo possano aiutare. Il primo caso è quello di un esorcismo spiritistico, in cui si cerca di espellere un diavolo. Il secondo, per rimanere nell'ambito della tradizione religiosa, è l'impegno a favorire la discesa, sulla persona, di uno spirito buono.

"In questo teatro ogni creazione viene dalla scena, trova la sua traduzione e le sue origini in un impulso psichico segreto che è la Parola prima delle parole [...] Tutto ciò è come un esorcismo per fare affluire i nostri demoni" [Artaud, 1931-38, 176-77].

Attraverso la drammatizzazione, grazie al sostegno offerto dal conduttore, l'autore attore viene accompagnato in un doppio compito: da una parte rompere il patto scellerato che lo lega a componenti emotive le quali svolgono di fatto una funzione tossica per lui; dall'altra parte stringere una nuova alleanza con quelle sue componenti emotive che possano svolgere invece una funzione di sostegno. In poche parole: espellere i veleni e riattivare le forze.

26. Vis Medicatrix Naturae

La psicotecnica ritiene che sia possibile identificare delle metodiche, nel senso di forme artistiche o artigianali, basate principalmente su interventi attivi, che aiutino la nostra disposizione naturale verso la felicità e l'armonia a meglio estrinsecarsi. Per cui, come già abbiamo ricordato, l'arte della mente si presenta in primo luogo come un attivatore creativo della *vis medicatrix naturae* [*forza riparatrice della natura* o *healing power of nature*] in senso psicologico.

Nell'uso comune della cultura popolare contemporanea, si tende più spesso a parlare di potenziale umano, di guaritore interno, di risorse inconsce e di spiriti simili. Nella tradizione romantica, filosofica e medica, si parla più volentieri di forza curatrice (dell'io e del destino) o di energia vitale.

Alcuni prendono spunto dal "balsamo interiore" descritto da Paracelso, una delle cui massime più ripetute ci ricorda che: "La natura è un grande medico e questo medico l'uomo lo porta in sé". In contesti più mistici ancora si parla magari del saggio (o della risposta) che è dentro di te oppure, per chi fosse più fantasioso ancora, del fato o del destino, del sesto senso, degli angeli custodi o degli spiriti guida.

Anche nella tradizione medica positivista e materialista (scientifica) vige l'uso tradizionale di ancorarsi al concetto classico del potere curativo spontaneo intrinseco alla natura, giudicata terapeutica di per sé [l'espressione originale latina è: NATURA MEDICA]. I medici rimangono fedeli cioè al dettame di Ippocrate, secondo il quale la natura è una realtà viva e si presenta come l'unica vera guaritrice dei nostri malanni.

In base a questa classica strategia, l'arte medica non può che limitarsi ad assecondare la natura stessa, di cui non è in grado di modificare il corso, ma che al massimo (quando va bene) può cercare di favorire, facendosela amica.

Il terapeuta capace agisce come il pilota della nave, quando cerca di guidare la sua barca verso il porto, appoggiandosi a forze naturali (come il vento o le correnti) che esistono e si sviluppano in modo del tutto indipendente da lui e dal suo intervento. Tale concezione viene ribadita autorevolmente nella massima fondativa della scienza medica quale veniva insegnata da Galeno, il quale riassumeva il primo principio della scuola medica salernitana nella prescrizione:

"Ricordati che il miglior medico é la natura: guarisce i due terzi delle malattie e non parla male dei colleghi."

Questo atteggiamento richiama i principi del counseling psicologico [Parsons, 1909; Rogers, 1942, 1951; Perussia, 2007a] secondo cui l'azione psicotecnica consiste sostanzialmente nel liberare il potenziale umano della persona, col metterla nelle condizioni di esprimersi liberamente e col rinforzarla continuamente in questa sua disposizione.

La sostanza del counseling, per riprendere il modello popolarmente attribuito a Rogers non senza qualche ironia, suggerisce di ascoltare l'altro senza interferire e senza fargli domande, ma restando in un atteggiamento di empatia, di accettazione incondizionatamente positiva delle sue parole e di conferma. Secondo questa visione: l'altro parlerà liberamente e la forza terapeutica naturale del suo potenziale umano farà tutto il resto.

La psicotecnica condivide in linea di massima una simile concezione di fondo, secondo cui le persone portano dentro di sé una disposizione psicologica che tende spontaneamente verso l'armonia. Ritiene però anche che, per attuare tale potenziale, siano molto utili quanto talvolta indispensabili, oltre all'atteggiamento di ascolto e all'accettazione, anche e soprattutto le opportune arti che possono utilmente aiutare la persona ad esprimersi.

27. Catalisi

Nelle sue forme più semplici, meno consapevoli e in genere meno tecnicamente organizzate, l'arte della mente interviene nella vita di tutti noi, accompagnando le innumerevoli interazioni della realtà quotidiana, tra persone che non si considerano esperte della materia e che non intrattengono fra loro dei rapporti di tipo professionale.

Ciascuno di noi tiene lunghi racconti ad amici, amanti e parenti; oppure anche a persone incontrate per caso sul treno. Ciascuno di noi li ascolta quando raccontano qualcosa che gli preme. Gli si fa rievocare la loro esperienza, con tutti i relativi sentimenti, eventualmente chiedendogli pure di entrare nel dettaglio ("Fammi capire com'era l'atmosfera!"; "Ma che faccia faceva?"; "Dimmi le parole precise!"). Si cerca magari di suggestionare loro un certo comportamento, dandogli suggerimenti e prescrizioni o raccontando casi analoghi con esito differente.

Tutte queste modalità di relazione sono forme elementari di psicotecnica, messe in atto spontaneamente, che talvolta possono sortire risultati anche notevoli. Ognuno di questi episodi, soprattutto nelle fasi in cui consiste solo nel raccontare e nel sentire, invece che nel confrontare e nel discutere, può rappresentare una forma di intervento efficace.

Ma è ancora di più psicotecnica quando offre un'occasione alla persona per rivivere e per rielaborare nell'azione-descrizione quanto è stato vissuto da lei in precedenza ed è rimasto con intensità nella memoria, magari senza che questa se ne ricordi pienamente.

Inoltre: non tutti hanno degli amici, degli amanti o dei parenti. Oppure hanno difficoltà di relazione, per cui interagiscono recitando ruoli che non permettono di prendersi certe familiarità. Oppure gli amici vogliono parlare solo loro. E quindi, per sviluppare le proprie potenzialità, alcuni si rivolgono a dei professionisti, che permettono agli interroganti di esprimersi, liberandosi e depurandosi delle proprie emozioni, senza interromperli più di tanto.

Questo è il motivo di base per cui tutte quelle che vengono dette consulenze psicologiche o psicoterapie funzionano più o meno allo stesso modo, come dimostra un'ampia letteratura scientifica di ricerca. Il che avviene indipendentemente dai modi in cui i loro esperti e professionisti tendono a definire la propria presenza come eccellente e miracolosa mentre lasciano capire che quella degli altri colleghi e concorrenti è molto più falsa e inefficace.

Ma il fatto è che, anche al di là dell'eventuale intervento interpretativo del professionista (che interferisce con il ritmo della sequenza espressiva, ma senza interromperla del tutto), il cliente può finalmente esprimersi a modo suo. Ed è quasi tutta qui la struttura della magia, come direbbe qualcuno.

Un principio cardine del metodo psicotecnico è l'identificazione di un acceleratore cui la persona attribuisce di sua iniziativa, per convenzione o per definizione o per istinto, la capacità di fare scattare in lei stessa il meccanismo in virtù del quale potrà rivivere la propria memoria, e dunque potrà esprimersi e potrà sviluppare il proprio racconto interiore. L'identificazione del catalizzatore più adatto, da parte del soggetto, è il prerequisito che attiva la sua capacità di espressione catartica elaborativa.

Tale sprone esteriore può essere tanto un elemento passivo quanto un elemento attivo. La sua capacità di stimolare il processo catartico, che è interiore al soggetto, è la stessa in entrambi i casi. Varia invece la misura in cui il catalizzatore si limita a fare da spunto per un processo elaborato completamente dal soggetto, oppure lo conduce lungo un percorso in cui il catalizzatore svolge una funzione attiva. Termini come direttore o conduttore o regista si riferiscono dunque solo al secondo tipo fra le due categorie.

Quando si tratta di un elemento inanimato, l'acceleratore catalitico può essere: un amuleto, un farmaco (placebo), un carisma, un altare, un luogo sacro, un orsacchiotto, una fotografia, una parola o una formula ripetuta, un oggetto ricevuto in regalo o raccolto in quel luogo, un simbolo autorevole, l'azzurro del cielo ammirato intensamente e così via; mentre catalizzatori come il cane di casa o il monitor del computer non sono propriamente passivi, in quanto agiscono secondo modalità che il catalizzato può anche percepire come una specie di interazione.

In tutti questi casi: la persona, nel momento in cui entra in contatto soggettivo con l'attivatore che ha scelto, passa in una forma più o meno lieve o profonda di trance e si porta dunque decisamente all'interno della propria fantasia. In sostanza, ad esempio: sospira e piange guardando il cantante sul palco; prende una pastiglia di zucchero e si addormenta; dialoga col pesce rosso; sospira all'amico defunto vedendone la fotografia; si rassicura stringendo la collanina ricevuta per l'anniversario; prega; e così via.

Sono tutti comportamenti diversi, ma tutti si basano sull'attivarsi di una interazione che sembra a prima vista dialogare con un oggetto, ma che in effetti è soprattutto un mettersi in relazione con parti di se stessi; senza che i referenti materiali (più o meno simbolici) di tali interazioni si trovino ad interagire effettivamente (dialogicamente) con la persona.

In un certo senso: questo tipo di auto-colloquio è un comportamento che coincide con l'emergere di attitudini spontanee di natura animistica. Dove al catalizzatore viene assegnata dal catalizzato, per definizione o per scelta pregiudiziale a priori, una qualche forma di potere o di capacità attiva o di forza o di energia. Dove la virtù animante e vitalizzante del catalizzatore viene comunque attribuita e mantenuta viva, di propria iniziativa, proprio dal catalizzato.

Questo tipo di funzione potenziatrice, che il soggetto è fermamente convinto si subire da parte dell'agente attivo esterno, si presenta anche quando agisce un catalizzatore animato. Tale è il caso del medico, del sacerdote, dello psicologo, dell'insegnante, dell'allenatore, del leader, del capo, del genitore, dell'amante e così via. La potenzialità carismatica è sempre la stessa ed è simile a quella del catalizzatore inanimato, ma con in più la possibilità da parte del catalizzatore di imprimere artatamente (cioè in una forma psico-tecnica, più o meno consapevole) una qualche particolare direzione all'atto espressivo.

Avviene peraltro che l'acceleratore animato utilizzi spesso, come accessori, anche dei fattori catalizzanti inanimati, quali: divise e costumi e grembiuli; strutturazioni rituali della relazione, dal semplice livello dell'orario e dell'appuntamento fino a vere e proprie cerimonie; investiture di sapore corporativo; appartenenze ad ordini più o meno sacerdotali; simboli più o meno arcani, in forma di oggetti appesi alle pareti o di parole ripetute; diplomi e certificazioni e titoli; filiazioni e iniziazioni da parte di maestri particolarmente venerabili o di consorterie dai nomi altisonanti; apparati d'arredo nei luoghi in cui opera; e così via.

Ma la più rilevante opportunità che si offre al catalizzatore animato consiste certamente nella sua possibilità di fornire una direzione a, e quindi di funzionare da direttore, e quindi di reggere, facendo da regista, tutta l'interazione. Il catalizzatore si trova cioè a poter indirizzare il processo verso un qualche sbocco che forse questo non avrebbe avuto, o non avrebbe avuto nello stesso modo e misura, se fosse stato presente solo un catalizzatore inanimato.

Ed è questa propriamente la capacità psicotecnica di chi è artista della mente: quella di agire come acceleratore e quindi come potenziatore consapevole ed abile, talvolta in modo straordinario, della vis medicatrix naturae che pure viene attivata in partenza solo dalla scelta della persona di volersi esporre ad uno sprone esterno.

Lo psicotecnico (animato) è infatti anche un principio attivo, oltre che un placebo, del processo psicotecnico. L'arte nasce in primo luogo dal fatto di essere il prodotto di un artista. Ma in tanti casi, ancorché non sempre, l'artista della mente può suscitare qualcosa che è molto più di quanto accadrebbe con la semplice esposizione, da parte della persona, ad un placebo.

Questa è propriamente la psicotecnica. Questa è propriamente l'arte, semplicissima quanto difficilissima, che si apprende studiando nel concreto questa disciplina.

28. Arte e Critica d'arte

Prima di concludere, voglio ricordare infine che solo molto indirettamente la psicotecnica può essere fatta coincidere con una qualche teoria psicologica. Molte teorizzazioni psicologiche possono certo farla oggetto del proprio interesse e delle proprie analisi, ma non la agiscono direttamente e non ne sono parte integrante.

Questo dipende principalmente dal fatto che la psicotecnica è una forma d'arte. In quanto modalità artistica, la psicotecnica può essere fatta oggetto di considerazioni da parte della critica, in tutte le possibili variazioni della catalogazione teoretica. Ma la dimensione tecnico-artistica dell'arte della mente nasce, cresce e si sviluppa, in modo indipendente da quella che può essere la sua analisi critica o storica o teorica. Perché l'arte è soprattutto pratica.

Ciascuna teoria o critica psicologica è ovviamente libera di sviluppare una sua specifica lettura della psicotecnica, ma si tratta di analisi di contenuto intellettuale, spesso molto interessanti ed illuminanti ma che non hanno quasi nulla a che spartire col fatto di agire psicologicamente nel concreto.

In sostanza: il critico musicale, mentre teorizza sull'esecuzione di quella tale opera, non è un musicista (non sta suonando) né un artista (non sta cantando o creando opere). Così come il critico d'arte, mentre analizza la realizzazione di quel tale quadro o mentre ragiona su quel tale movimento artistico, non è un pittore (non sta dipingendo).

Non lo è mentre analizza il lavoro altrui; e spesso non lo è nemmeno in generale. Nel senso che, come si vocifera a volte fra artisti, ad esempio in teatro, il critico non è un attore né un regista: o al massimo è un attore o un regista molto incerto, poiché altrimenti non farebbe il critico, ma reciterebbe o dirigerebbe. Però quest'ultima notazione può suonare per certi aspetti come una malignità, da cui voglio prendere le giuste distanze.

Ciò che conta è che la psicotecnica è una forma artistica, che esiste per conto proprio e che non appartiene a nessuna particolare teoria tra quelle che pure si forzano di analizzarla o che cercano di classificarla. L'arte della mente non appartiene a nessuna particolare professione né ad alcuna attività dilettantesca in particolare, tra quelle che pure la utilizzano di quando in quando. Pur potendo, ovviamente, venire impiegata da chiunque (purché ne sia davvero capace): ciascuno nell'ambito suo proprio.

La conoscenza delle varie teorizzazioni (psicologiche, artistiche, scientifiche, filosofiche ecc), così come lo studio della storia in generale, possono certo aiutare l'artista della mente ad affinare le proprie capacità. Vale lo stesso per il pittore che frequenta l'accademia o per il pianista che va al conservatorio. Mentre entrambi, se e quando si iscrivono alla facoltà di lettere e filosofia, possono imparare cose davvero importanti per la loro vita.

Ma dipingere, come giocare a pallone, così come cucinare o come correre con la moto, è soprattutto questione di farlo. Mentre, per impararlo meglio, si tratta di andare ad allenarsi oppure a bottega o almeno a vedere chi lo fa, osservandolo attentamente con occhi tecnici. Posto che comunque niente vieta di parlarne fin che se ne vuole, magari anche al bar o sul giornale dei dilettanti di settore.

Qualcuno ha voluto credere che la psicotecnica sia uno strumento per studiare processi psichici o addirittura una teoria psicologica oppure un modello psichiatrico e così via. Ma si tratta di un fraintendimento che viene coltivato per lo più nel nome del marketing, per cercare di ostacolare la concorrenza da parte di altri professionisti, oppure a motivo di una conoscenza tanto scolastica quanto incerta (ancorché magari a livello universitario) della materia psicologica e psicotecnica.

L'arte della mente non è una forma di esegesi per qualche scienza psicologica; né si propone come un pretesto per proiettare le fantasie dello psicologo sul suo paziente e tollerante interlocutore; così come non è una lettura ideologica o filosofica della realtà.

Lo ripeto ancora una volta (e poi cercherò di darlo per scontato): la psicotecnica è un'arte elevata e difficile, come può esserlo la musica o la danza. L'arte della mente è un'azione concreta, una volontà eseguita, non una teoria scientifica astratta.

29. Psicotecnica non è psicoterapia

A conclusione di questa memoria, mi pare utile confermare ancora il fatto che la psicotecnica non è una scienza bensì un'arte o un artigianato. In quanto tale: l'arte della mente si sostanzia in una pratica da padroneggiare e non in una teoria con cui analizzare né in un grembiule o in un camice o in una divisa da indossare.

Ma c'è anche un altro principio fondamentale, accanto alla natura artistica della psicotecnica, cui abbiamo già accennato in precedenza ma che merita di ribadire in chiusura. E' lo status profondamente laico, cioè non legato a nessuna teoria narrativa in particolare così come a nessuna professione organizzata o mestiere in particolare, della psicotecnica stessa.

Di fatto: l'arte della mente non compete specificamente ad alcuna disciplina né ad alcuna professione. Trattandosi di una tecnica, questa non ha un'appartenenza particolare, ma si limita a svolgere quella funzione che coloro i quali la utilizzano, se hanno competenza in quello che stanno facendo, le fanno svolgere, nel quadro dei propri riferimenti scientifici o professionali o dilettanteschi.

Più in particolare, poiché su questo tema esistono frequenti (quanto grotteschi) fraintendimenti, va ricordato chiaramente che la psicotecnica non è una psicoterapia più di quanto possa essere una psicoterapia: il dialogo che ciascuno di noi intrattiene con un'altra persona, il fatto di offrirle dei consigli, il fatto di giocare con lei oppure il fatto di sostenerla ("Tranquilla! Non ti agitare!") o il fatto di andare, anche da soli, a teatro o il fatto di vedere un film o di distrarsi con altre pratiche similari e così via.

La psicotecnica non è una psicoterapia più di quanto non lo sia la comunicazione persuasiva o il fatto di dare dei suggerimenti alle persone o il fatto di interagire attivamente con gli altri.

E' evidente che: il medico e il suo cliente possono parlare tra loro, nell'ambito di una visita psichiatrica. Ma è altrettanto evidente che: il fatto che due persone stiano dialogando tra loro non ha niente di psichiatrico in se stesso.

Così come il fatto di scrivere, ad esempio con una penna su di un foglio, può sicuramente essere considerato come una specifica ed esclusiva pratica medica; ma solo quando si tratta del medico che compila una ricetta (nel senso di una prescrizione farmacologica) o che redige un referto.

Mentre suona piuttosto ovvio il dato secondo cui l'atto di scrivere non rappresenta, di per se stesso, uno strumento specialistico della medicina. Per cui anche il medico può comporre poesie (o ricette di cucina), se e quando gli piace, ma nella sua veste di libero e creativo essere umano, senza per questo dover sottoscrivere una convenzione con il servizio sanitario nazionale.

La psicotecnica non è una forma di para-medicina. La psicotecnica, in quanto tale, non vuole far credere di avere (poiché non lo ha) nulla di specificamente psichiatrico né di specificamente psicoterapeutico, né di specificamente medico.

L'arte della mente può certo venire efficacemente impiegata come strumento di lavoro e di supporto anche in medicina o in psichiatria o in psicologia, così come in tante altre attività (eventualmente anche di tipo professionale) che si realizzano assieme alle persone o nel nome della professione medica, psicologica, sanitaria in genere, pedagogica, sportiva, artistica e così via.

Pretendere, come fa qualche dilettante molto sprovveduto (o qualche professionista anche troppo provveduto), che la psicotecnica possa essere confinata al campo della psichiatria o più in generale della medicina, solo perché viene usata *anche* in quell'ambito, è semplicemente ridicolo.

Sarebbe infatti come restringere l'uso della scrittura e quindi della letteratura, assieme all'uso del coltello (anche quello per la pizza) così come l'uso delle armi bianche e persino degli orologi analogici, al solo campo professionale della medicina. Il che avrebbe importanti ragioni di accadere. Perché quella che è la più antica e forse più autorevole rivista scientifica nel settore, la quale fa in certo modo da simbolo della medicina stessa, è da sempre intitolata allo *stiletto* o *coltello affilato* o *bisturi* o *lancetta* (*The Lancet*, appunto).

Ed è anche per questo che, nella pratica della psicotecnica, suonerebbe davvero penoso (oltre che decisamente improprio) chiamare "paziente" l'attore-autore che agisce, almeno nel perverso senso in cui per "paziente" si intende il portatore di una qualche malattia che sia diagnosticata sulla base di una qualche fisiologia, e che quindi sia di interesse medico. Mentre l'attore della psicotecnica è solo un portatore di PATHOS, cioè di emozione.

I temi della psicotecnica sono la vita quotidiana, specie nel senso della vita mentale, ma soprattutto la fantasia di quanti vi partecipano; e non una malattia da aggredire. Per cui: lasciamo la medicina ai medici, che la sanno esercitare molto meglio dei loro epigoni, dilettanti o imitatori in sedicesimo, e andiamo ad occuparci di cose serie.

Caso mai, possiamo sottolineare che la psicotecnica ha a che fare con il prendersi attivamente cura della persona e con il mettersi a sua disposizione. E' un concetto di servizio che nasce proprio dal tema originario del THERAPEIN, verbo che indica l'atto di *mettersi* o *essere al servizio di qualcuno*.

Tale forma di assistenza personale si rivolge alla persona in tutte le sue condizioni. Può fornire dunque il proprio contributo, ovviamente, anche supportando la persona malata o quella convalescente, così come aiuta la persona sana, quella triste, quella allegra, te, me e tutti quanti (da malati o da sani: ci aiuta sempre).

In questo senso, la psicotecnica può essere definita anche come una forma di consulenza personale, attraverso cui un maestro delle cerimonie si mette al servizio di una o più persone per aiutarle a confrontarsi con le varie parti di se stesse ed a crescere umanamente.

Anche perché la psicotecnica può solo guadagnare dal superamento di ogni millanteria medicalista. Avviene cioè, nel momento in cui smette di proporsi nelle vesti di un finto medico, o meglio di un para-medico condannato a un eterno quanto divorante complesso di inferiorità, che lo psicologo, riconosciutosi ormai consapevolmente come uno psicotecnico, può acquistare davvero una grande dignità, e trasformarsi finalmente in un vero e profondo (e spesso straordinario) maestro della formazione personale.

30. Riferimenti Bibliografici

Aristotele [322 aC]. *Peri psykes* [edizione moderna: *L'anima*. Milano: Bompiani, 2001].

Aristotele [330 aC]. *Peri poietikes* [*Poetica*. Roma-Bari: Laterza, 1998].

Artaud A. [1931-1938]. *Le Théatre et son double* [In: *Il teatro e il suo doppio*. Torino: Einaudi, 1968, 127-254].

Benedikt, M. [1868]. *Elektrotherapie*. Wien: Tendler.

Bergson, H. [1896]. *Matière et mémoire: Essai sur la relation du corps à l'esprit*. Paris: Alcan [Materia e memoria. In: *Opere 1889-1896*. Milano: Mondadori, 1986, 141-345].

Binet, A., Féré, C.S. [1885]. L'hypnotisme chez les hystériques: Le transfert. *Revue Philosophique de la France et de l'Etranger*, 19, 1-25.

Bolzoni, L. [1995]. *La stanza della memoria: Modelli letterari e iconografici nell'età della stampa*. Torino: Einaudi.

Braid, J. [1843]. *Neurypnology: Or the rationale of nervous sleep considered in relation with animal magentism: Illustrated by numerous cases of its successful application in the relief and cure of disease*. London: Churchill.

Brofferio, A. [1884]. *Le specie dell'esperienza*. Milano: Dumoland.

Brown, W. [1920/1921a]. The revival of emotional memories and its therapeutic value: 1. *British Journal of Medical Psychology*, 1, 16-19.

Brown, W. [1920/1921b]. The revival of emotional memories and its therapeutic value: 5. *British Journal of Medical Psychology*, 1, 30-33.

Carpenter, W.B. [1871]. *The unconscious action of the brain*. Manchester: Science Lectures for the People, Third Series.

Carruthers, M., Ziolkowski, J. [2002] editors. *The medieval craft of memory: An anthology of texts and pictures*. Philadelphia PA: University of Pennsylvania Press.

Carruthers, M.J. [2008]. *The book of memory: A study of memory in medieval culture; Second edition.* Cambridge UK: Cambridge University Press.

Cicerone, M.T. [55 aC]. *De oratore.* [edizione moderna: Bologna, Zanichelli, 1974]

Cicerone, M.T. [89 aC]. *De Ratione dicendi ad C. Herennium; Rhetorica ad Herennium.* [edizione moderna: Cambridge MA, Harvard University Press, 1954].

Corsini, R.J. [2002]. *Dictionary of psychology.* New York: Routledge.

Delboeuf, J.R.L. [1889]. *Le magnétisme animal: A propos d'une visite a l'école de Nancy.* Paris: Alcan.

Deleuze, J.P.F. [1810]. *Histoire critique du magnétisme animal.* Paris: Schoell.

Ebbinghaus, H. [1885]. *Über das Gedächtnis: Untersuchungen. zur. Experimentellen Psychologie.* Leipzig: Von Duncker und Humber.

Faria, J.C. de [1819]. *De la cause du sommeil lucide: Ou étude de la nature de l'homme; Tome premier.* Paris: Horiac.

Galvani, L. [1791]. *De viribus electricitatis in motu musculari commentarius.* Bologna: Typographia Instituti Scientiarum

Giannantoni, G. [1981] a cura. *I presocratici: Frammenti e testimonianze.* Bari: Laterza.

Herder, H.G. von [1774]. *Vom Erkennen und Empfinden der menschlichen Seele.* Werke (vol 17, 178-211).

Hume, D. [1739-1740]. *A treatise of human nature: Being an attempt to introduce the experimental method of reasoning into moral subjects.* London: Noon and Longman.

James W. [1890]. The hidden self. *Scribner's Magazine*, 7, 361–373.

James, W. [1890]. *The principles of psychology.* New York: Holt, Rinehart and Winston.

Janet, P. [1889]. *L'automatisme psychologique: Essai de psychologie expérimentale sur les formes inférieures de la vie mentale; dissertation.* Paris: Alcan.

Kant, I. [1798]. *Anthopologie in pragmatischer Heinsicht* [edizione italiana: *Antropologia prammatica*. Torino: Paravia, 1921].

Linkeus, Josef Popper [1899]. *Phantasien eines Realisten.* Dresden und Leipzig: Reißner.

Locke, J. [1689]. *An essay concerning human understanding.* London: Thomas Bassett.

Mead, R. [1704]. *De imperio solis ac lunae in corpora humana: Et morbis inde oriundis*. London: Brindley.

Mesmer, F.A. [1766]. *De planetarum influxu in corpus humanum* [*Über den Einfluss der Gestirne auf den menschlichen Körper*]. Wien.

Mesmer, F.A. [1775]. *Sendschreiben an einen auswärtigen Arzt über die Magnetkur*. Wien.

Mesmer, F.A. [1779]. *Mémoire sur la découverte du magnétisme animal*. Paris: Didot.

Miller, G.A., Galanter, E., Pribram, K.A [1960]. *Plans and the structure of behavior*. New York: Holt.

Moreno, J.L. [1975], with Zerka Toeman. *Psychodrama, Third Volume: Action therapy and principles of practice*. Beacon NY: Beacon House.

Newton, I. [1687]. *Philosophiae naturalis principia mathematica*. London: Joseph Streater.

Parsons, F. [1909]. *Choosing a vocation*. Boston: Houghton Mifflin

Pattie, F.A. [1956]. Mesmer's medical dissertation and its debt to Mead's De Imperio Solis ac Lunae. *Journal of the History of Medicine and Allied Sciences*, 11, 275-287.

Perussia, F. [1983]. *La ragione precausale: Rappresentazioni del mondo nella maturità e nell'infanzia*. Milano: Unicopli.

Perussia, F. [1994]. *Psicologo: Storia e attualità di una professione scientifica*. Torino: Bollati Boringhieri.

Perussia, F. [1996]. Prefazione all'edizione italiana. In: Corsini R.J., Wedding D., a cura, *Psicoterapia: Teorie Tecniche Casi*. Milano: Guerini, 9-23.

Perussia, F. [1999]. *Cent'anni dopo: A che cosa serve la psicologia?* Milano: Guerini.

Perussia, F. [2000]. *Storia del soggetto: La costruzione mimetica della persona*. Torino: Bollati Boringhieri.

Perussia, F. [2002]. *Theatrum psychotechnicum: L'espressione poetica della persona*. Torino: Bollati Boringhieri.

Perussia, F. [2004]. *Regia psicotecnica*. Milano: Guerini.

Perussia, F. [2007a]. Cum sol: Immagini del counselor. *Giornale di Psicologia*, 1(1), 40-56.

Perussia, F. [2007b]. La psicoterapia secondo il Dipartimento di Stato Americano sul finire della seconda guerra mondiale. *Giornale di Psicologia*, 1(1), 85-92.

Perussia, F. [in pubblicazione]. *Storia dello psicodramma*. Milano.

Pietro Abelardo [1135]. *Expositio in Hexaemeron* [edizione moderna: *Expositio in Hexameron; Abbreviatio expositionis in Hexameron*. Turhout: Brepols, 2006]

Platone [360 aC]. *Fedro* [edizione moderna: *Fedro*. Milano: Rizzoli, 2006].

Platone [398 aC]. *Fedone* [edizione moderna. Milano: Rizzoli, 2006].

Putnam, F.W. [1989]. *Diagnosis and treatment of multiple personality disorder*. New York: Guilford.

Puysegur, A.M.J. Chastenet de [1784]. *Mémoire pour servir à l'histoire du magnétisme animal*. Paris: Dentu.

Reichenbach, K.W. von [1852]. *Odisch-magnetische Briefe*. Stuttgart und Tübingen: Cotta.

Ribot, T.A. [1881]. *Les maladies de la mémoire*. Paris: Ballière.

Ribot, T.A. [1884]. *Les maladies de la personnalité*. Paris: Alcan.

Ribot, T.A. [1896]. *La psychologie des sentiments*. Paris: Alcan.

Rogers, C. [1942]. *Counseling and psychotherapy*. Boston: Houghton Mifflin.

Rogers, C. [1951]. *Client-centered therapy*. Boston: Houghton Mifflin.

Rossi, P. [1983]. *Clavis universalis: Arti della memoria e logica combinatoria da Lullo a Leibniz*. Bologna: Il Mulino.

Stanislavskij K.S. [1938]. *Rabota aktera nad soboj* [*Il lavoro dell'attore*. Bari: Laterza, 1982].

Steele, K., Colrain, J. [1990]. *Abreactive work with sexual abuse survivors: Concepts and techniques. In: Hunter, MA., editor. The sexually abused male. Volume 2: Applications of treatment strategies*. Lexington MA: Lexington Books, 1-55.

Taine, H.A. [1870]. *De l'intelligence*. Paris: Hachette.

Tommaso d'Aquino [1258-1264]. *Summa contra gentiles* [edizione moderna: *Somma contro i gentili*. Torino: UTET, 1992].

Ugo di San Vittore [1128]. *Didascalion; in P.L 176*. [edizione moderna: *Didascalion*. Milano: Rusconi, 1987]

Van Der Hart, O., Steel, K., Boon, S., Brown, P. [1993]. The treatment of traumatic memories: Synthesis, realization, and integration. *Dissociation*, 6(2-3), 162-180.

Vives, J.L. [1538]. *De anima et vita* [edizione moderna in: *Obras completas*. Madrid: Aguilar, II.1147-1319].

Whyte, L.L. [1960]. *The unconscious before Freud*. New York: Basic Books.

Yates, F.A. [1966]. *The art of memory*. London: Routledge.